PUNKTUM

2. Auflage 2018

www.punktum-buecher.de

Lektorat Inga Franke
Fotos Privat und Niclas Rüdiger
Autorenfoto Matthias Horn
Art Direktion Gabriela Schnauder
Satz Niclas Rüdiger und Wilko Gaedeke
Druck Prime Rate Kft., Ungarn

ISBN 978-39817131-4-5

ZWILLINGE

ZWEI SEELEN – EIN HERZ

Patricia Paweletz

PUNKTUM

Für Victor und Noah

INHALT

VORWORT

„Ja, Sie sind es“ rief die empathische Ärztin in den höchsten Tönen auf meine Frage, ob ich wirklich wieder schwanger sei. „Sehen sie, da ist es“, sagte sie und drehte den Bildschirm, so dass wir beide das Ultraschallbild sehen konnten. Ich sah nur Wolken und Schnee und spürte die Freude im Bauch, als mein Mann plötzlich sagte: „Aber, da sind ja zwei!“
„Oh ja, es sind zwei, ja, zwei“, stammelte die Gynäkologin überrascht. In diesem Moment war ich froh, dass ich bereits lag. Nicht im Traum hatte ich daran gedacht, Zwillinge zu bekommen. Augenblicklich fiel mir wieder ein, dass meine Großmutter in den vierziger Jahren Zwillinge erwartet hatte. Während des Besuchs in einem Lokal war ihre Fruchtblase geplatzt, und bei der anschließenden Sturzgeburt hatte sie beide Kinder verloren. Bilder tauchten auf, wie aus einem längst vergessenen Albtraum.
Als ich meinen Mann ansah, mussten wir plötzlich lachen, dass uns die Tränen liefen. Dieser Lachanfall dauerte noch an, als wir die Praxis verließen. Wir fanden, es sei die schönste Überraschung, die uns hätte passieren können. In den nächsten Wochen und Monaten dachte ich manchmal, „das schaffe ich nicht“ und „Hauptsache, nicht zwei Jungs!“ Abends lag ich auf dem Sofa, mir war oft übel, ganz anders als bei meiner ersten Schwangerschaft, und wenn ich aufstand, wurde ich fast ohnmächtig.

Dass wir nun seit zehn Jahren Eltern von zwei wunderbaren Söhnen sind, die unterschiedlicher nicht sein könnten, ist die Fortsetzung unserer Familiengeschichte und ich bin neugierig und gespannt auf alle weiteren Abenteuer und Herausforderungen dieser besonderen Konstellation!

Das Thema Zwillinge beschäftigt seither uns als Eltern, in besonderem Maße die vier Jahre ältere Schwester unserer Söhne und unser gesamtes näheres Umfeld. Viele Themen tauchen auf, die mit „einem Kind zur Zeit" nicht in der Form relevant sind. Wie können wir den Kindern gerecht werden, die Besonderheiten und Fähigkeiten des Einzelnen wahrnehmen und fördern? Wie schaffen wir es, dem älteren Geschwisterkind einen Platz einzuräumen, der ihm sicher ist, parallel zu den Anforderungen der Pflege von zwei Säuglingen oder der Aufmerksamkeit für zwei Kleinkinder? Wer darf auf den Schoß, wenn es alle drei gleichzeitig wollen, wessen Hand wird gehalten, wer wird zuerst getröstet bei Streit oder Zusammenstößen, wer darf in Mamas Bett schlafen und wo bleibe ich, wenn alle drei Kinder gleichzeitig kommen? Diese und tausend andere Fragen stellten sich besonders in den ersten Jahren täglich neu im Alltag.
Manchmal wünschte sich unsere Tochter eine Zwillingsschwester als Ausgleich, da ihre Brüder ihr gegenüber eine feste Einheit bildeten. Gefühle der Einsamkeit oder Ohnmacht im Spiegel des Zwillingspaares tauchen immer wieder auf.
Als Eltern empfinden wir es als wachsende Herausforderung, Schubladen, die sich ins Denken einschleichen, über Bord zu werfen. Das trifft natürlich auf alle Geschwisterkinder zu, doch besonders bei Zwillingen ist die Versuchung groß, feste Rollen zu verteilen.
Eine Freundin erzählte mir, dass sie ihren Zwillingsbruder, der eine starke Sehschwäche hat, als Kind immer führen sollte. „Ich war seine Augen."
Von einer anderen Zwillingsschwester hörte ich, dass sie als Kind eine Brille trug, obwohl ihre Augen völlig in Ordnung waren. „Deine Schwester muss eine Brille tragen, und damit es für sie nicht so schwer ist, musst du das eben auch tun."
Eine vierzigjährige Frau berichtete, dass sie, die als zartes Frühchen auf die Welt kam, ihre gesamte Kindheit über der kräftigeren und mutigeren Zwillingsschwester folgte. „Ich war ihr Schatten." Bis heute bemerkt ihre Mutter an jedem Geburtstag, was für ein Wunder es sei, dass aus dem schwächeren Zwilling eine selbstbewusste, eigenständige Frau werden konnte.

Als ich meine Söhne im Zwillingswagen durch die Stadt schob, konnte ich mich vor Kommentaren und Lebensgeschichten fremder Menschen kaum retten. Ständige Fragen, wie alt die Kinder seien, welches Geschlecht sie hätten und private Erzählungen über eigene Zwillingsgeschwister, -kinder oder Freunde schwappten ungefragt über mich hinweg. Ich hatte zu dem Zeitpunkt genug mit meiner eigenen Familie zu tun, stillte alle zwei Stunden zwei Säuglinge, holte meine Tochter vom Kindergarten ab oder ähnliches.

Berührende und traurige Einzelheiten sind mir im Gedächtnis geblieben, vor allem wie groß das Bedürfnis war, das eigene „Schicksal" mit jemandem zu teilen, der es verstehen konnte. Dabei war ich ja „Neuling" auf diesem Gebiet.

Alte Frauen berichteten, wie sie während des Krieges oder kurz danach Zwillinge geboren hatten (von denen sie natürlich bis dahin nichts gewusst hatten), die sie mit mehreren anderen Kindern versorgen mussten, unter widrigsten hygienischen und wirtschaftlichen Umständen.
Ich erfuhr von verstorbenen Zwillingsgeschwistern, die immer noch eine wichtige Rolle im Leben der „Zurückgebliebenen" spielten, von Trennungen von Zwillingen oder einfach vom Leben als Geschwister, die sich so nahe stehen, wie es wohl kaum jemand nachvollziehen kann, der nicht als Zwilling zur Welt kam.
Eine ältere Dame erzählte mir am Hirschgehege im Wildpark, dass sie sich niemandem so nahe fühle wie ihrer Zwillingsschwester, mit der sie jeden Tag heimlich telefoniere. Davon dürfe aber ihr Mann nichts erfahren. Er stand ein paar Meter von uns entfernt und fütterte die Tiere.
Eine Bekannte berichtete, dass sie nach der Pubertät den Kontakt zu ihrem Zwillingsbruder abgebrochen hätte. Vor kurzem seien sie sich bei einem Familienfest wieder begegnet. „Wir haben mit Schlafsäcken im selben Raum übernachtet und sind Rücken an Rücken eingeschlafen. Das war wie nach Hause kommen".

In der Forschung gibt es viele erstaunliche und immer wieder neue Beobachtungen von Zwillingsverhalten. Es ist ein wichtiges Feld für Biologen, Mediziner, Verhaltensforscher und Psychologen. Nicht zuletzt tauchen bei der Beschäftigung mit dem Thema auch die Assoziationen von den grausamen Zwillingsversuchen während der Nazizeit auf, und dass es in dieser Zeit ein schwieriges Schicksal war, als „nichtarischer" Zwilling geboren worden zu sein.

Heute noch werden in manchen Kulturen Zwillinge als Gottheiten verehrt oder als Verkörperung des Bösen aus der Gemeinschaft ausgeschlossen. Ein Leben jenseits der „Normalität" scheint mit der Geburt als Zwilling verbunden zu sein.

All die faszinierenden Erlebnisse und Erfahrungsberichte seit dem denkwürdigen Tag, an dem wir unsere Zwillinge entdeckten, inspirierten mich, das Thema weiter zu erforschen und ein Buch darüber zu machen.

Bei meiner Suche nach gesprächsbereiten Zwillingspaaren wurde schnell klar, dass jede Geschichte so einzigartig und besonders ist, dass es eine Reise in die unterschiedlichsten Zusammenhänge werden würde.
Von einigen Paaren war nur einer bereit teilzunehmen oder beide entschieden sich dagegen, weil der Prozess der Auseinandersetzung zu schmerzhaft sein könnte. Alle Zwillingsvarianten, eineiig und zweieiig, gleichgeschlechtlich und gegengeschlechtlich, deren Geburtsjahre quer durch das letzte Jahrhundert verlaufen, sind vertreten.

In der Auseinandersetzung mit den einzelnen Geschichte wurde deutlich, wie einzigartig sich jeder Mensch entwickelt, trotz scheinbar identischer Voraussetzungen. So erleben wir es auch bei unseren heranwachsenden – zweieiigen – Söhnen. Neben den Gemeinsamkeiten hat mich besonders diese Einzigartigkeit interessiert, mit der jeder Zwilling im Laufe seines „Doppel-Lebens" den eigenen Weg sucht und findet.
Vor einigen Monaten war auf Youtube ein Film zu sehen, der von Millionen Zuschau-

ern angeklickt wurde. Eine französische Hebamme wollte Badetechniken von Neugeborenen demonstrieren. Dafür hatte sie ein Zwillingspaar ausgesucht. Sobald sie die beiden ins Wasser tauchte, streckten sie mit geschlossenen Augen ihre Ärmchen aus, suchten einander in Umarmungen und ließen sich nicht mehr los.
Die besondere Verbindung, die alle Zwillinge erleben, bis über den Tod hinaus, bleibt eine Welt für sich, deren Geheimnis wir uns anzunähern versuchen können. Vielleicht steckt der Wunsch nach Symbiose, nach dem Aufgehobensein in der Gemeinsamkeit, in jedem von uns.
Vielleicht ist es das, was die Faszination von Zwillingen ausmacht.

In die Gespräche habe ich Methoden aus meiner systemischen Praxis einfließen lassen, die es ermöglichen, familiäre Zusammenhänge auf verschiedenen Ebenen zu verdeutlichen. Einige Zwillinge haben zum Beispiel Seile benutzt, um sich voneinander abzugrenzen, andere haben mit Figuren ihre Familie aufgestellt und so den Abstand zueinander in verschiedenen Lebensphasen deutlich gemacht, andere haben Fragebögen ausgefüllt und dann miteinander verglichen, einige wollten einfach nur bei Kaffee und Kuchen aus ihrem Leben berichten. Wieder andere konnten sich nicht auf ein Treffen einigen und haben Briefe geschrieben. Eine Zwillingsschwester lebt in Amerika, ein anderer Zwilling hat den Kontakt zum Bruder weitgehend abgebrochen, eine Frau hat ihr Leben lang versucht, sich von ihrem verstorbenen Zwilling zu lösen. Die Beiträge werden mit einer Beschreibung der jeweiligen Umstände des Treffens eingeleitet. Briefe, Fotos und Zeichnungen haben die teilnehmenden Zwillinge zur Verfügung gestellt.

MARTIN UND CHRISTIAN

geboren 1979 in Halle an der Saale

„SEIT UNSERER GEBURT KOMMEN WIR UNS JEDEN TAG NÄHER"

Verabredet sind wir im Prenzlauer Berg in Berlin. Als das akademische Viertel um ist, schaue ich aus dem Fenster und sehe zwei junge Männer mit Kaffee in Pappbechern den Gehweg entlang schlendern. Ich halte weiter Ausschau nach Leuten, die es eilig haben. Doch die beiden kommen entspannt direkt auf mich zu. Einer von beiden, Martin, wie ich kurz darauf erfahre, hat eine Schlinge um den Hals, in der sein linker eingegipster Arm steckt. Sie grinsen beide, ich öffne die Tür. Sie erzählen, dass die Party in Martins Wohnung bis in die Morgenstunden gedauert hätte. Dort wäre es noch ziemlich wüst. Dafür sehen die beiden umso aufgeräumter aus.

„Sehen wir uns ähnlich?" Christian und Martin schauen erst mich an und dann sich. Ich zögere, denn im ersten Moment fand ich als äußerliche Übereinstimmung nur ihre Größe. Kleidung, Frisuren und die Körperhaltungen weichen voneinander ab. Doch jetzt, wo ich ihre Gesichter von der Seite sehe, erscheinen mir ihre Profile wie gespiegelt. Sie betrachten sich ruhig und neugierig gegenseitig eine Weile. „Der Ältere bin ich", sagt Martin nicht ohne Stolz. „Damals gab es in der DDR ja noch nicht das Ultraschallverfahren und bei meiner Mutter hatte die Nachgeburt halt einen Kopf, zwei Arme und zwei Beine."

Martin und Christian nehmen an einer Langzeitstudie über Zwillinge der Universität Jena teil, sie beantworteten viele Fragebögen und bekamen schon Analysen ausgehändigt, „wovon ca. 80 Prozent total gestimmt hat. Einiges war auch schwieriger anzunehmen, weil es ja auch den Charakter betrifft", sagt Martin. Bevor ich ihnen den Fragebogen gebe, unterhalten wir uns. Sie haben mindestens ebenso viele Fragen wie ich, sind interessiert an dem Projekt und was ich sonst noch mache. Zwischenzeitlich geraten sie miteinander in Diskussion über ihren Berufsethos, ihren „Heimatbegriff" und alle möglichen anderen Themen. Dabei reiben sie sich aneinander, entwickeln ihre eigene Haltung zum jeweiligen Thema, überzeugen sich gegenseitig und finden schließlich zu einer Übereinstimmung. Dieser Prozess findet während unseres Treffens häufiger statt,

sie wirken wie ein hoch motiviertes Team, das sich herausfordert auf dem Boden gegenseitiger Akzeptanz und Verbundenheit. Zur Beantwortung meines Fragebogens zieht sich jeder in eine Ecke des Raumes zurück und arbeitet konzentriert, manchmal vor sich hin schmunzelnd. Danach setzen sie sich gegenüber und lesen sich ihre Antworten gegenseitig vor. Ich stelle Fragen, die sie aufnehmen, dann werfen sie sich wieder untereinander den Ball zu.

Christian: Geboren sind wir in Halle an der Saale, also in Sachsen-Anhalt. Wir sind umgezogen, haben dann'ne Zeit lang in Leipzig gewohnt und sind erst später nach Thüringen ...
Martin: ... emigriert. Mitteldeutschland.
Martin: Ich habe schon die fünfte Freundin, die aus den alten Bundesländern kommt.
Christian: Ich habe in Thüringen studiert, in Jena, und ich muss sagen, ich fühl mich eigentlich verstärkt als Ostdeutscher, seit ich vor eineinhalb Jahren nach Hamburg gekommen bin. Weil ich da auch als Journalist ganz oft in diese Rolle gedrängt werde. Bei der Zeitung, wo ich jetzt war, hab ich eigentlich fast nur ostdeutsche Themen gemacht.
Martin: Ich bin Politikberater. Der optimistische Begriff ist Politikberater, und der eher landläufige Begriff ist Lobbyist. Ich bin ein strategischer Interessenvertreter für ein Unternehmen. Mein Logo ist der Fuchs.
Bei unserer Geburt hatte unsere Mutter nur einen Namen, Martin. Es heißen zwei Drittel der Jugendlichen in unserem Jahrgang Christian.
Christian: Und unsere Mutter heißt Christiane. Da kam die Hebamme und hat gesagt, wir brauchen jetzt für das zweite Kind auch einen Namen. Es war dann eine halbe Stunde Zeit, sich einen Namen auszudenken, weil der ja ins Geburtsbuch eingetragen werden musste. Da standen unsere Eltern wohl da, ja und Christiane-Christian, so kam das. Total unüberlegt eigentlich im Nachhinein für die Konsequenz das ganze Leben lang.
Martin: Meine Lieblingsfarbe ist hellblau.
Christian: Bei mir rot. Immer.
Martin: Zieht sich ja durch. Meine Lieblingszahl ist 11.
Christian: Bei mir ist es die 3, aber das liegt daran, dass wir drei Jungs sind zu Hause. 3 ist halt auch für mich nicht extrem wie 1 oder 9.
Martin: 1 finde ich auch so ein bisschen arrogant, der erste zu sein, den Anspruch zu haben, ich bin einzigartig. Aber bei 11 finde ich dann quasi die eins aufgelöst, also dass man zweimal die eins hat. Wir sind auch zweimal eineiig. Und außerdem, dass man so akkurat die beiden Einsen nebeneinander hat, das, finde ich, ist auch die Zahl, die uns beide quasi symbolisiert ...
Christian: Zwei Einsen.
Martin: Ja, bei der Zeichnung für uns habe ich Twin Towers draus gemacht. Zwei eigenständige, eigentlich allein stehende Baudenkmäler, die beide auch für sich stehen, aber in der gemeinsamen Ansicht sehr gleich, ähnlich sind.
Christian: Nach außen.
Martin: Und beide sind so was wie eine eigene Größe.
Wenn ich ein Tier wäre, was möchte ich sein? Fuchs.
Christian: Bei dir hab ich auch Fuchs geschrieben.
Martin: Ich finde es passend, auch gerade mit meinem Beruf, der schlaue Fuchs, der

Clevere, man bekommt diese Attribute ja oftmals auch zugewiesen. Weil ich diesen Austausch arrangieren muss, und ich finde, das trifft mich sehr gut. Also dass man weiß, wo ist der richtige Ansprechpartner zu finden. Und was würdest du sein?

Christian: Panther.

Martin: Ich war kurz davor Gepard zu schreiben bei dir, und ich hab dann geschrieben, ein Schmetterling, nämlich ein Fuchsschwänzchen. Also jemand, der so flatterhaft von einem Ort zum anderen fliegt und die nächste Geschichte dort erahnt.

Wir haben mit unserer Familie ziemlich lange in einer Altbauwohnung gewohnt, da war der Platz begrenzt. Unser kleiner Bruder hatte immer ein eigenes Zimmer, und wir hatten ein gemeinsames, bis zum Zivi eigentlich.

Martin: Genau. Thomas ist sechs Jahre jünger. Gestern auf der Feier haben wir ihn wieder gesehen. Hast du dich eigentlich mit ihm unterhalten?

Christian: Ja klar.

Martin: Er lebt auch in Berlin und ist, wenn man uns beide kennt, komplett anders. Er steht überhaupt nicht gern im Vordergrund und einen witzigen Spruch macht er selten.

Christian: Nur, wenn er Leute kennt.

Martin: Er ist sehr zurückhaltend und ruhig. Er hat auch kein Abitur gemacht wie wir, kein Unistudium, sondern eine Ausbildung.

Christian: War sicher immer auch der Kleine, „ja, guck doch, deine Brüder, was die in der Schule schon wieder machen, und neben der Schule." Er hat sich dann bewusst abgegrenzt: „Ich bin eher ein Praktischer, ich muss nicht rumschwätzen wie die Großen." Hat dann eine Ausbildung gemacht und ist jetzt freier Künstler. Im Gegensatz zu unserem Leben sehr unstrukturiert. Er macht so Street Art Sachen. Ich glaube auch, er hat es echt nicht leicht gehabt.

Martin: Ich hab immer gesehen, dass der alles bekommen hat, er musste um nichts mehr kämpfen. Und ich glaube, das war auch das Problem. Wir mussten uns alles erkämpfen in der Familie. Wir waren sechs Jahre alt und aus dem Gröbsten raus und er war halt das Nesthäkchen, und alle Omas: „Der süße Kleine mit den blonden Haaren." Wir hatten dann schon braune Haare.

Christian: Aber trotzdem, ich denke, dass er sich immer in Abgrenzung befand, er musste sich immer rechtfertigen, er wurde immer mit uns konfrontiert.

Martin: Wir waren ja relativ bekannt.

Christian: Das liegt auch daran, das passt jetzt gut zum deinem gebrochenen Arm, wir erzählen das mal: Im Sportunterricht stand ich immer im Tor, weil ich nicht so eine gute Kondition hatte beim Fußballspielen. Einmal wurde ich angeschossen, und dabei wurde mein rechter Arm gebrochen. Da waren wir dreizehn, vierzehn. Eine Woche später hab ich dann einen Gips gehabt und durfte nicht mitmachen beim Sport. Und genau zur gleichen Uhrzeit stand dann Martin im Tor ...

Martin: ... weil ich der zweitschlechteste Spieler war ...

Christian: ... und er wurde angeschossen und hatte den linken Arm gebrochen.

Martin: Auch derselbe Gegenspieler.

Christian: Das war dann das große Thema in der Lokalzeitung. Seitdem werden wir in Weimar immer noch angesprochen. Als unsere Schule neue Tafeln bekommen hat ...

Martin: ... das waren halt zwei Marmortafeln ...

Christian: ... es ist ein wilhelminisches Gebäude. Und dann wurde auf die Tradition verwiesen, wie die Schule vor dem 2. Weltkrieg hieß. Martin stand an der einen und ich an der anderen Tafel, eine Idee des Zeitungsfotografen. Für solche Späße wurde man dann halt öfter missbraucht.
Also ich wollte ja immer Schauspieler werden. Ich war auch eine ganze Zeit in einer Schauspielgruppe am Nationaltheater in Weimar engagiert und habe auch Jugendtheatertage mitgemacht auf Landesebene. Und dann hab ich mich für das Journalistikstudium entschieden. Ich hab gedacht, ich bin nicht gut genug als Schauspieler und ich schreibe viel leidenschaftlicher.
Bei dir hab ich geschrieben, du wolltest Bundeskanzler werden. Das hast du doch immer gesagt.
Martin: Das passt sehr gut zu dem, was ich geschrieben hab: Revolutionär. Ich war eine Zeit lang mal so drauf, besetztes Haus, hat man ja mal so gehabt. Ich fand es schon immer wichtig, dass man kritisch bleibt. Revolutionär ist ja keine Ausbildung, die man machen kann. Bundeskanzler auch nicht, aber will ich auch heute nicht mehr werden.

Christian: Bis vierzehn oder fünfzehn waren wir gleich gekleidet.
Martin: Als man noch keine eigene Meinung hatte und man das gemacht hat, was die Eltern sagen.
Christian: Vielleicht bis zur Jugendweihe. Ich glaub, das war das erste Mal, dass ich bewusst einkaufen war. Jackett und Hose, ich hatte eine Fliege und du hattest, glaub ich, eine Krawatte, oder nee, du hattest auch ne Fliege, aber eine ganz andere.

Martin: Wir waren, bis wir in die 10. Klasse kamen, gemeinsam in einem Schulraum und saßen auch nebeneinander.
Christian: Im Kurssystem in der 11. und 12. Klasse wurden wir dann bewusst getrennt, obwohl wir genau die gleichen Kurse belegt haben.
Martin: Identisch.
Christian: Die Schulleitung hat das nicht gewollt. Wir hatten noch gemeinsam Spanisch, weil es nur eine Lehrerin gab. Als die Wende kam, sind wir ja in die fünfte Klasse gekommen. Und da wurde in der ehemaligen DDR einfach entschieden, jeder der eine Drei auf dem Zeugnis hatte, kam nicht aufs Gymnasium. Das konnte auch in Sport sein, das war egal. Martin hatte alles Einsen und Zweien, und ich hatte irgendwo eine drei, kann sein, dass es Mathe war. Und da musste ich zur Nachschulung und konnte mit dem Test noch weiterkommen. Dieser Test war genau an meinem Geburtstag. Ich wusste, ich bekomme geile Turnschuhe von meiner Oma. Ich hatte dann die Aufgabenstellung erfüllt und nicht gesehen, dass auf der Rückseite noch genauso viele Aufgaben waren. Ich hatte alles richtig, aber halt die Hälfte nicht bearbeitet. Ich wollte diese Turnschuhe so schnell wie möglich haben, an dem Tag. So, und dann bin ich nicht aufgenommen worden aufs Gymnasium. Dann war Ferienfreizeit und als der Schulanfang kam, hatten unsere Eltern gekämpft, mein Vater war beim Schulrat und sagte, dass man nicht auf Grund eines Tages das Leben eines Menschen beeinflussen kann. Ich hab schließlich auch das beste Abitur von der ganzen Schule gemacht. Vielleicht um im Nachhinein allen Lehrern zu zeigen, dass ich doch dahin gehört hab. Und alle anderen, die locker auf-

genommen worden sind, sind dann in der Zwischenzeit irgendwie abgegangen oder reihenweise sitzengeblieben. Unsere Eltern haben sehr dafür gekämpft, dass wir nicht so plötzlich getrennt werden. Ich hätte das überhaupt nicht gewollt. Diese Ferien waren echt grausam, weil ich dachte, ich kenne da keinen Menschen und das sind alles nur Deppen auf der Realschule. Und dann ist Martin nicht mehr da, das war für mich schrecklich. Toll, als das dann geklappt hat. Da kann man echt dankbar sein, super Eltern zu haben.

Martin: Ich meine, wir waren von sechzehn bis zwanzig innerlich am weitesten voneinander entfernt.

Christian: Du hast, glaube ich, Recht. Im ersten Moment dachte ich, bei der Geburt. Und ab dann hat es sich immer mehr angenähert.

Martin: Aber ab sechzehn haben wir uns bewusst voneinander abgegrenzt und hatten eigene Freunde.

Christian: Bis zur Geburt war halt nur die biologische Gemeinsamkeit da und dadurch, dass wir jeden Tag immer 24 Stunden miteinander verbrachten, hatte ich das Gefühl, wurde es immer intensiver. Als wir dann wieder getrennt waren, in anderen Städten, haben wir uns noch mal ganz neu kennen gelernt.

Martin: Genau, ich fand auch die Zeit im Studium, in der wir uns nicht gesehen haben, da war der Austausch über Email und am Telefon schon sehr intensiv.

Christian: Seitdem haben wir jeden Tag gemailt, oder? Wir telefonieren eigentlich auch mehrmals die Woche, würde ich sagen. Ich glaube, ich hatte als erstes von uns eine Freundin. Martin wusste das von Anfang an, er stand daneben, als ich sie zum ersten Mal geküsst habe.

Keine Freundin von uns beiden hat sich jemals für den anderen als Mann interessiert, und ich konnte mir auch bei keiner von Martins Freundinnen vorstellen, mich in sie zu verlieben.

Martin: Das Lustige ist aber, dass auch unsere beiden Freundinnen ...

Christian: ... ach ja ...

Martin: ... sind auch beide ... also eigentlich war's ne Dreiergeschichte, weil unser Bruder hat erst seit einem Jahr eine Freundin, ich jetzt knapp zwei Jahre, du dreieinhalb.

Christian: Nee, fast fünf!

Martin: Fünf Jahre? Sorry! Jedenfalls alle drei wurden im gleichen Monat im gleichen Jahr geboren.

Christian: Und sie sind alle drei blond.

Martin: Meine kommt aus der Nähe von Osnabrück.

Christian: Meine kommt aus dem tiefsten Dorf in Thüringen.

Martin: Und Thomas' Freundin kommt aus Berlin. Er ist ja sechs Jahre jünger und seine Freundin ist zwei Jahre älter, unsere sind vier Jahre jünger, das ist schon sehr kurios. Und unsere beiden Freundinnen sind auch Journalistinnen. Beide hatten sich davor schon mal gesehen, bei der Nachwuchsförderung.

Christian: Sind aber auch sehr unterschiedlich.

Martin: Genau, von der Art und Weise.

Christian: Das ist echt so, wir haben grad vor zwei Wochen das erste große Familientreffen gehabt, und da hatten wir zum ersten Mal alle drei unsere Freundinnen dabei. Unsere beiden sind vom Typ schon ähnlich.

Martin: Vom Charakter, und wie Sachen gesehen werden, sind sie sehr ähnlich.

Christian: Die Grundeinstellung zum Leben.

Martin: Genau, das schon.

Christian: Eine längere Trennung von uns war, als ich ein paar Monate auf den Philippinen gelebt habe, da hab ich als freier Journalist in Manila und Bangkok gearbeitet. Ich war dort bei einem deutschsprachigen Magazin für Wirtschaftsleute, die in Südostasien investieren. Das war so ein Scientologyladen. Ich wusste vorher nicht, dass die Besitzer des Verlages Scientologen waren. Ich hab dann gesagt, das muss nicht unbedingt sein, jetzt bleibe ich aber hier. Innerhalb von zwei Wochen hab ich mir einen Kontakt auf den Philippinen gesucht. Es war Glück, da war der große Staatsstreich auf den Philippinen, und dann hab ich dort wie wild geschrieben und Interviews gegeben.

Martin: Das waren acht Monate, die längste Zeit, die wir uns nicht gesehen haben. Im Jahr sehen wir uns schon acht, neun Mal.

Mich kennt am besten meine Exfreundin, also zwei von denen, würde ich denken, und jetzt meine aktuelle Freundin.

Christian: Ich habe gedacht, Thomas kennt dich am besten, unser kleiner Bruder.

Martin: Glaub ich nicht. Viele Sachen tausche ich ja nicht mit ihm aus. Das ist schon eine andere Ebene, glaube ich.

Christian: Bei mir ist es auch meine Freundin.

Martin: Ich möchte gern versuchen, Thomas öfter zu treffen in Berlin, weil ich ihn schon unterstützen will, in dem was er tut, seine freie Kunst und was er so macht.

Christian: Die paar Monate, die wir alle drei hier in Berlin waren, haben wir uns schon ein paar Mal zu dritt getroffen.

Martin: Von dir würde ich mir bei einer Einladung Quarkröllchen mit Zimt wünschen.

Christian: Ich auch! Außer Martin hab ich vielleicht noch zwei richtige Freunde. Aber wird der Freundschaftsbegriff ein bisschen weitergefasst, also gemeinsame gute Bekannte, sind es relativ viele, die wir gemeinsam haben.

Martin: Ich hab bei Xing mal geschaut, es sind, glaube ich, über 70 Freunde, die wir gemeinsam haben.

Christian: Ja, weil ein guter Freund von mir wird zwangsläufig auch ein guter Bekannter von Martin, da kann man gar nicht mehr trennen. Das sind Leute, die ich von meinem Studium kenne, mit denen ich mich sehr gut verstehe, die aber hier in Berlin sind und sich mit Martin treffen, weil ich jetzt eben weiter weg lebe. Gestern bei der Party hat mein bester Freund aufgelegt, ich wusste gar nicht, dass Martin ihn gefragt hat.

Martin: Aber gemeinsame enge Freunde haben wir nicht. Die kennst du zwar alle, aber wenn man den Begriff bester Freund ganz eng fasst, dann nicht.

Christian: Während der Schulzeit hatten wir keinen besten Freund, wir hatten ja uns, wir waren die besten Freunde. Und ich finde unbedingt, dass man sich mit der Partnerin des Bruders gut verstehen muss.

Martin: Ja.

Christian: Aber ich würde, daraus folgend, dir nie abraten von irgendjemandem, das weißt du selbst am besten.

Martin: Ich denke auch, das ist schon das eigene Leben des Bruders. Das ist auch die Grundvoraussetzung. Was wir an Partnern schätzen und wertvoll finden, ist ja auch sehr ähnlich, so dass es da keine großen Hindernisse gibt.

Martin: Unsere Freundinnen verstehen sich auch gut.

Christian: Ja. Das ist einfach Familienprägung, was für Werte uns wichtig sind, was für Sachen man schätzt.

Martin: Unsere Freundinnen sind auch sofort in die Familie integriert worden. Wir hatten ja ein bisschen Probleme, insofern, dass unsere Eltern sich im letzten Jahr getrennt haben und der Kontakt von meiner Seite ziemlich abgebrochen ist. Ich hab zu meinem Vater noch ein bisschen und zu meiner Mutter gar keinen Kontakt seit anderthalb Jahren. Und ich weiß auch nicht, ob sich das irgendwann wieder gibt. Auf dem Familientreffen war meine Mutter nicht dabei, das war von der anderen Seite.

Christian: Ich habe meine Mutter jetzt mal besucht. Das ist natürlich schwer belastet. Aber ich versuche, auf sie zuzugehen und ihr die Hand zu reichen, da ist Martin ein bisschen uneinsichtiger.

Martin: Als Pflanze für dich fiel mir eine Kokospalme ein. Ich hab gerade so das Bild vor Augen, in Goa am Strand. Wir waren ja ein halbes Jahr gemeinsam auf Reisen und am Ende ein paar Tage in Goa. Dort haben wir uns unter eine Kokospalme gesetzt, eine indische Zigarette rauchend, vor unserer Kokosnusshütte am Strand.

Christian: Das mit den Kokospalmen ist interessant.

Martin: Dieses Erhabene und dieses weit nach oben Gehende mit den Blättern, die sehr akkurat sind. Das trifft dich, glaub ich, ganz gut.

Christian: Nur das Schlanke im Moment nicht so. Ich hab bei dir Lindenbaum geschrieben. Die Linde ist ein typisch deutscher Baum, fest verankert, mit Bodenhaftung, stark und selbstbewusst. Sie hat aber auch deutsche Tugenden wie Ehrgeiz und Fleiß. Du würdest nie jemanden sitzen lassen oder zu spät kommen.

Martin: Ich arbeite ja auch Unter den Linden, passt doch.
Wenn wir noch eine gemeinsame Reise machen wollten, habe ich geschrieben: Nepal.

Christian: Ach so, weil es uns da ziemlich gefallen hat.

Martin: Genau. Und weil wir viel zu kurz da waren, nur drei Wochen. Dann mindestens sechs Monate.

Christian: Also entweder mit Freundin oder mit Martin alleine.

Martin: Ich bin auch der Meinung, wenn ich so eine Reise noch mal machen würde, dann nur mit dir. Mit einem Freund ist es glaub ich ...

Christian: ... was anderes.

Martin: Ganz schwierig. Auf der Reise haben wir auch Leute getroffen, die sich getrennt haben und dann wieder getroffen. Und wir haben natürlich viele Paare kennen gelernt, die sich zerstritten haben. Es ist wirklich eine sehr enge Beziehung, wenn man sieben Monate vierundzwanzig Stunden aufeinander hockt. Ich glaube maximal waren wir mal zwei Stunden getrennt, weil ich krank im Bett lag. Christian hat dann ein bisschen Sightseeing gemacht. Wenn man als Paar reist und denkt, man kennt den anderen schon sieben Jahre, unterwegs wird alles neu aufgerollt. Auch gerade so Hygienegeschichten, da ist natürlich eine Frau anfälliger als wir. Ich verbring mal vier Tage, ohne mich zu waschen.

Christian: Im Busch könnte man schöne Sachen auch nicht mehr machen. Wir sind manchmal ziemlich hardcore gewandert, mit zwanzig Kilo Rucksack, das würde ich meiner Freundin gar nicht zumuten wollen. Ich will mit Greta nächstes Jahr mal drei Monate reisen, das ist geplant, aber nicht zu viert.

Martin: Nee. Das sind ja vier Meinungen, die man unterbringen muss.
Mein Wunsch für dich ist, weiterhin so zu leben, mit Grundoptimismus und Lebensfreude.
Christian: Oh, da bin ich viel kritischer und normativer: dass du dir treu bleibst, und dich nicht von Geld und Macht korrumpieren lässt. Und etwas lockerer wirst und nicht allen alles recht machen willst. Das weißt du ja, dass du manchmal zu sehr korrekt sein willst, niemanden vor den Kopf stoßen magst, und so in Druck gerätst, allen immer alles zu erfüllen. Und ich finde es ganz schön schwierig, dass du so verplant bist.
Martin: Sonst wäre ich heute nicht hier. Die Wohnung ist noch unaufgeräumt.
Christian: Es gibt eigentlich nichts, keinen Konflikt, der uns auseinander bringen könnte, denn wichtiger, als alles andere, sind wir beide. Und mein Symbol für uns ist ein abgewandeltes Yin und Yang-Zeichen. Weil wir eine Einheit sind, aber in kleinen Ausformungen unterschiedlich.

ZWILLINGE IN ZAHLEN

Nur ein bis zwei Prozent der Neugeborenen weltweit kommen zu zweit auf die Welt. Laut Schätzungen gibt es zwar eine deutlich höhere Zahl von Zwillingsschwangerschaften, aber häufig stirbt einer der beiden bereits im Mutterleib, meist so früh, dass es niemand bemerkt. Die Zahl der Zwillingsgeburten wächst seit der Einführung künstlicher Befruchtungsmethoden in den Industrieländern, möglicherweise auch durch das höhere Alter der Mütter. Zudem gibt es Familien, in denen sich seit Generationen Zwillingsgeburten häufen.

Allerdings bleibt die Quote für eineiig geborene Zwillinge konstant bei etwa 1:250 Geburten weltweit. Dabei gibt es regionale Unterschiede: In den USA sind rund 1,2 Prozent aller Geburten Zwillingsgeburten, in Japan nur etwa 0,4 Prozent. In Nigeria dagegen entfallen 4,5 Prozent aller Geburten auf Zwillinge.

Die Geburt von mehr als einem Kind zurzeit hat einen entscheidenden Einfluss auf die psychologische und wirtschaftliche Situation der Familie und auf das soziale Umfeld. Es gibt heute in Deutschland sogar die Möglichkeit, sich für die Eventualität einer Zwillingsgeburt zu versichern.

ANNELIES UND INGEBORG

geboren 1927 in Dresden

„WIR HABEN UNS IMMER UNTERSTÜTZT"

Als ich die ledigen, kinderlosen Frauen vor vierzehn Jahren kennen lernte, konnte ich sie nicht unterscheiden. Sie trugen dieselbe Frisur, ihre Statur war gleich und beide hatten das gleiche lachende Gesicht. Auf meine Anfrage für ein Treffen bekam ich eine Postkarte mit Bergpanorama und rot blühenden Büschen: Nur zu gern wären sie bereit, mir aus ihrem Leben zu berichten. Ich sei jederzeit in Marburg willkommen.
„Aber nicht am Montag, da haben wir Chor", sagt Annelies am Telefon, „und am Dienstag Literaturkurs, ja, und am Donnerstag Tanz."
An einem Mittwoch im November empfängt mich Annelies mit einer Umarmung am Bahnsteig, wie angekündigt im roten Anorak. Später sehe ich den Anorak auf den Bildern ihrer Wanderreisen mit dem Alpenverein wieder. Der von Ingeborg ist blau. Auf der Fahrt im Taxi zu ihrer Wohnung kommen wir an der Elisabethkirche vorbei, in der sie das Weihnachtsoratorium singen werden. „Der Chorleiter hat gefragt, wie oft wir es schon gesungen haben. Wir können es gar nicht mehr zählen. Längst kennen wir es auswendig. In einem Jahr haben wir es fünfmal gesungen, unter anderem für Soldaten in einer Baracke. Da blieb kein Auge trocken."
Ihre Wohnung liegt auf einer Anhöhe, mit Blick über die Südstadt. Auf der anderen Seite geht es zu den Behringwerken. Hier begannen sie ihre berufliche Karriere als medizinisch-technische Assistentinnen. Im Ausland waren sie viele Jahre als Forschungsassistentinnen tätig und kehrten danach zu den Behringwerken zurück.
Ingeborg empfängt uns an der Wohnungstür, auch sie umarmt mich warm und herzlich. Sie trägt einen roten Pullover und ein buntes Amulett aus Peru, daran kann ich sie unterscheiden. Nachdem ich mich mit ihnen an den Tisch im Wohnzimmer gesetzt habe, fangen buchstäblich beide an zu erzählen. Eine beginnt einen Satz, die andere führt ihn zu Ende, während wiederum die andere nickt und atmet, mitdenkt und an einigen Stellen verbessert, wiederholt. Teilweise sprechen sie synchron, ich weiß gar nicht, welche der Schwestern ich ansehen soll. Ich sitze am Kopf des Tisches, Ingeborg rechts, Annelies links von mir, wie beim Pingpong versuche ich zu folgen, lehne mich zurück und überlasse mich dem gemeinsamen Erzählfluss. Sie

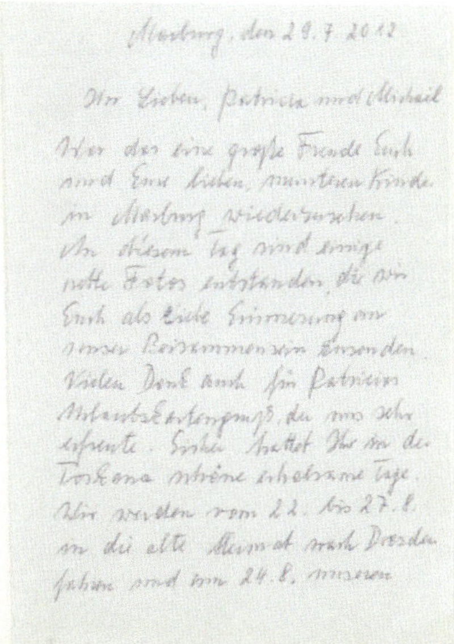

Marburg, den 29.7.2012

Ihr Lieben, Patricia und Michail

War das eine große Freude Euch
und Eure lieben, munteren Kinder
in Marburg wiederzusehen.
An diesem Tag sind einige
nette Fotos entstanden, die wir
Euch als liebe Erinnerung an
unser Beisammensein zusenden.
Vielen Dank auch für Patricias
Urlaubskartengruß, der uns sehr
erfreute. Sicher hattet Ihr in der
Toskana schöne erholsame Tage.
Wir werden vom 22. bis 27.8.
in die alte Heimat nach Dresden
fahren und am 24.8. unseren

berichten von ihren Reisen in aller Welt. „Welches Land habt ihr denn nicht bereist?“, werfe ich in einer Atempause ein. „Grönland haben wir ausgelassen. Letztes Jahr waren wir in der Antarktis.“
Als Ingeborg sich erhebt, um das Essen zu holen, sie hat ein kleines Menü gezaubert, liest Annelies mir aus Ingeborgs Aufzeichnungen über den Angriff auf Dresden vor, den sie mit ihrer Mutter und ihrem jüngeren Bruder erlebt haben. Am 40. Jahrestag des Angriffs war Ingeborg krank. Es kam ihr die Erinnerung an dieses Ereignis wieder so deutlich ins Bewusstsein, dass sie sich hinsetzte und alles aufschrieb. „Ich dachte nicht nach, es floss so aus mir heraus.“
Ich tauche in ein Stück Zeitgeschichte ein, bis die Suppe kommt und Ingeborg sagt, „Annelies, füll doch bitte auf.“
„Ingeborg kocht, weil sie daran mehr Spaß hat. Ich mache Handarbeiten, nähe und flicke. Wenn wir ein Buch lesen, liest die eine der anderen vor, die derweil etwas Praktisches tut, das spart Zeit.“ An den Wänden in der Wohnung hängen Ölbilder von Blumen, Landschaften und Marktszenen aus Südamerika. „Die kleinen Bilder sind von mir“, sagt Annelies. „Und die großen habe ich gemalt“, fügt Ingeborg lächelnd mit gesenkten Augenlidern hinzu. Bei Apfelkuchen mit Sahne zeigen sie mir das Album mit Bildern ihres 80. Geburtstags vom vorigen Jahr. Es gab Reden, alle sangen gemeinsam „Geh aus mein Herz und suche Freud“, und ihre Tanzlehrerin leitete die Kreistänze an. „Wir haben sogar dasselbe zum Anziehen gefunden.“ Große rosa-weiße Blüten zieren ihre seidenen Blusen, darunter tragen sie sattes Dunkelgrün. Wie zwei japanische Lotosblütenbäume strahlen beide in die Kamera. „Es war das erste Mal, dass wir unseren Geburtstag gefeiert haben.“ „Warum?“, frage ich. „Wir nehmen uns nicht so wichtig“, sagen beide wie aus einem Mund.

Zur Unterscheidung sind die Beiträge von Annelies kursiv gedruckt. Ebenso die Ausschnitte aus Ingeborgs Erinnerungen, die Annelies vorliest.

Als wir in die Klinik gekommen sind und unsere Mutter zum letzten Mal sahen, haben wir uns gesagt, dass wir immer füreinander da sind, dass wir zusammenhalten. Das war 1948. Die Zeit davor war *furchtbar.* Wir waren sehr arm dran, auch was Verpflegung anbelangt, das war ja kurz nach dem Krieg. Am 3. Februar ist sie gestorben. In den letzten Tagen *waren wir dort, und da ging es ihr so schlecht.* Wir haben den Stationsarzt gefragt und gesagt, „Herr Doktor, wir haben den Eindruck, dass wir mit allem rechnen müssen, bitte sagen sie uns, wie es steht, wir müssen uns auch innerlich einstellen, wir sind ja dann allein.“ Und am letzten Tag sind wir zu ihr hin, sind bis sechs Uhr dort geblieben, da hat die Ärztin uns gesagt, „Es geht zu Ende“. Nachdem unsere Mutter gestorben war, sind wir zur Schützenstraße zurück, und es war ein unvergesslicher Eindruck, dass draußen das Leben pulsierte, *weiterging*, wie immer, als ob nichts gewesen wäre. Man hat gerade jemanden verloren, und draußen die Autos und die Menschen und alles, *das war* der Alltag.

Annelies liest aus Ingeborgs Erinnerungen über die letzten Kriegstage in Dresden und die Flucht mit ihrer Mutter und ihrem Bruder nach Westdeutschland vor. Ingeborg kommt herein und deckt den Tisch.

Annelies liest den letzten Abschnitt, während Ingeborg auftischt.

„Bei herrlichem Sonnenschein ziehen wir durch die kleinen, schmucken hessischen Dörfer. Dann ist Marburg in Sicht, unser Herz schlägt höher. Tante Elses Haus steht noch, nur eine Hausecke ist durch Kriegseinwirkung beschädigt. Erwartungsvoll klingeln wir an der Tür. Da hören wir einen Ausruf des Entsetzens: „Ach Gott, Gertrud und die Kinder. Wir hatten eure Anfrage durch Flüchtlinge erhalten. Doch wir hatten euch schon abgeschrieben." Zum Glück hatte uns diese Nachricht nicht erreicht. Wir sind wohlbehalten in Marburg angekommen, aber offensichtlich nicht willkommen. Als Empfangsessen gibt es Kartoffeln und Salat, dann führt uns Tante Else in ein Dachzimmer. Mutti kann mit Eberhard im Bett schlafen, während ich mit Annelies die folgenden Nächte auf dem Fußboden ruhe. Gleich am nächsten Tag geht Tante Else mit uns zu Herrn Professor D., dem Leiter der Behringwerke, der sich sehr freundschaftlich mit uns unterhält und eine Beschäftigung in der Versuchstierzucht der Behringwerke zusagt. Als „Mäuseprinzesschen" beginnen wir dann unsere abwechslungsreiche Laufbahn in der Pharmazieindustrie."

Wir sind in die Tanzstunde mit einem Kleid gegangen, Ingeborg und ich, da wohnten wir noch bei unserer Tante. Unsere Cousine hatte sieben lange Kleider. Und wenn Festchen waren, konnten wir nicht sagen: „Unser Vater ist das und das." Der war ja vermisst. Also waren wir nicht gesellschaftsfähig. Wir haben bei einer Einladung im Haus unten die Ausstattung mitgemacht, alles schön gedeckt, und wenn es dann soweit war, dass die Gäste kamen, sind wir beide oben aufs Zimmer verschwunden, während die Tanzmusik lief. *Das wurde so erwartet.* Gott sei Dank, hat unsere Mutter das nie erlebt. Und dann wollte unser Onkel was für uns tun. *Er sagte, er hätte im Geschäft einen Angestellten, das wäre ein netter Mann, der wäre noch allein und ich sollte ihn kennen lernen. Er ist mit mir in ein Dorf gefahren, der Mann wohnte in einem ganz einfachen Dorfhäuschen und er sagte immer „Jawohl Herr M., jawohl Herr M." bei allem. Als wir wieder zurückfuhren, hab ich gesagt:„Onkel Robert, der kommt für mich nicht in Frage." Das war ein netter, ganz einfacher Mann, nur geistig war er, na ja.*

Ich hab die Ausbildung als erste gemacht, bin dann ins Behringwerk gegangen. Und dann hast du die Ausbildung gemacht und bist danach nach Darmstadt gegangen. Weil unser Bruder dort studieren wollte. *Er arbeitete für sein Abitur und ich habe ihn versorgt und die Wäsche gemacht, so dass er noch betreut war. Dann wollten die Behringwerke mich zurück haben, da hab ich gesagt, ich komme nur ins Behringwerk zurück, wenn ich die Möglichkeit habe, ins Ausland zu kommen. Ingeborg hatte die Frau Dr. Sch. kennengelernt, die war in Baltimore. Dadurch hat Ingeborg dann als Erste die Möglichkeit gekriegt, an der Columbia Universität zu arbeiten. Dann haben sie jemanden für Nervengewebezucht gesucht. So bin ich in die USA gekommen. Wir waren später beide dort und wollten an sich ganz in den USA bleiben. Aber Dr. M. ließ vorsichtig anfragen, ob wir bereit wären, wieder zurückzukommen. Er hat geschrieben, sie müssten jetzt Entwicklungsarbeiten machen für Polio,* und da hast du dann „Ja" gesagt. *Drei Jahre haben wir uns nicht gesehen, auch nicht besucht. Ich war ja zwei Jahre in Japan und du bist ein Jahr früher nach Kolumbien.* Die Trennung war ohne weiteres möglich, *ohne weiteres,* wir haben uns ja immer geschrieben. Ich war in Kolumbien und von 1972 an sind wir immer zusammen gewesen. Dann bist du nach Kolumbien gekommen, um mir zu helfen. Ursprünglich waren nur zwei Jahre geplant, das war ein Studienprogramm. Der Grund war, dass die Säuglingssterblichkeit so hoch war in Kolumbien, und man wusste die Ursache nicht. Ich bin dort hingekommen, und alles, was ich sagen konnte, war „Muchas Gracias", und nun musste ich die Leute ausbilden. Mit den Herren konnte ich ja englisch sprechen. Und dann hat die Universität mir und einem Ehepaar einen Professor gegeben, der uns erst einmal in Spanisch ein bisschen auf die Beine brachte. Es war eine sehr fruchtbare, schöne Zeit.

Als wir in den Behringwerken waren, da war ein Graf Z., der war Veterinär. Er hätte gerne eine von uns geheiratet und hat mit Prof. D. gesprochen, dem Leiter der Behringwerke, denn wir waren befreundet. Prof. D. hat von unserem Zuhause erzählt, dass wir unseren Bruder versorgen. Da hat der Graf Z. gesagt, „Ich habe selbst kein Geld und ich brauche jemanden, der mich mit unterstützt." Also das ging nicht. Der hatte sich auch noch nicht für Eine entschieden. Er hat so niedlich gesagt, er hätte uns beide gleich gern gehabt. *Und ich hatte dann den Günter E. Da war unsere Mutter gerade gestorben, ja, und ich hatte noch nicht die Ausbildung. Er ging nach Kanada, nach Vancouver und wollte mich mitnehmen. Sein Vater war damals der Minister für Landwirtschaft. Und da hab ich einfach nicht ...* bist noch nicht mit. Er hat noch an dich geschrieben, Hunde könntest du auch haben, *ich war gerade in der Hundestaupestation, aber irgendwie konnte ich nicht. Der Eberhard war nicht fertig mit dem Abitur, es war so, dass ich es mir einfach nicht leisten konnte, ich hätte keine Ausbildung gehabt. Ich hab gesagt, ohne das möchte ich nicht weg. Dadurch ist das dann eingeschlafen.* Und da war dann nicht mehr diese Gelegenheit. *Ja.* In Amerika *hatten dann welche Interesse,* aber wir nicht so.

Du hattest damals den Herrn B. *Ach ja. Den hatte ich vor meiner Fahrt nach Kolumbien im Zug kennen gelernt. Er war blind und ist hier an der Blindenstudienanstalt gewesen, mit dem hab ich mich in der Bahn sehr nett unterhalten. Danach haben wir einen anregenden Briefverkehr gehabt, von Kolumbien aus. Es hieß ja erst zwei Jahre, aber aus den zwei Jahren sind dreieinhalb Jahre geworden.* Er hatte schon zwei Jahre gewartet *und war dann doch etwas unglücklich, aber ich konnte die ja nicht sitzen lassen, es war ganz unmöglich, da musste ich schon meine Pflicht tun. Er schrieb, er hätte mittlerweile eine Betreuerin, und die hätte ihn gebeten, ihn das Leben lang zu betreuen, und da er nun nicht weiß, wie es mit uns weitergeht, möchte er davon Gebrauch machen. Er könnte sie nicht mehr vertrösten und es wäre doch besser,* einen Sperling in der Hand *als eine Taube auf dem Dach zu haben. Ja, da ist das auseinander gegangen. Ich kann nicht sagen, dass ich enttäuscht war, ich hab mich damit abgefunden. Aber ich hätte das ohne weiteres auf mich genommen. Es war mir ganz klar, dass es eine wirkliche Aufgabe ist, einen blinden Menschen zu betreuen. Er war nett, und er war gebildet.*

Und dann waren wir insofern glücklich, dass wir soviel gemeinsam unternehmen konnten, sonst hätten wir das alles gar nicht gekonnt. Wir hatten unsere Aufgaben in den Behringwerken, *da haben wir viel* zu tun gehabt, *wir waren sehr eingespannt.* Beruflich gab es keine Konkurrenz zwischen uns, im Gegenteil: Wir haben uns immer unterstützt. *Wenn die eine Probleme hatte,* war die andere da. Und musste die eine Nachtdienst machen, war die andere mit dort. In den USA haben wir zusammen gewohnt und hier auch.

Es gab noch die zwei Herren aus Kassel, *die wir bei der Mecklenburger Seenplatte getroffen haben. Sie haben uns gefragt, ob wir auch zu dem Zwillingstreffen kommen, sie gehen immer zu Zwillingstreffen. Und Zwillinge untereinander sagen „Du" zueinander. Wir haben uns geschrieben, zu Weihnachten haben sie uns Bilder geschickt. Bei denen war alles gleich, gleiche Hosen, gleiche Hemden, gleiche Krawatte, gleiche Schuhe, es gab nichts, was nicht gleich war, bis auf einen Unterschied: der eine machte Fotoaufnahmen und der andere hatte eine* Videokamera. *Sie waren schwer zu unterscheiden, der eine hatte ein bissel mehr Runzeln als der andere. Ja, wäre das früher gewesen ... das waren interessante Leutchen.* Wir haben uns sehr gut verstanden.
Für unsere Zukunft wünsche ich mir Gesundheit, das ist für mich das Wichtigste. Gesundheit und Zufriedenheit.
Wir haben jetzt Pläne, dass wir *in diesem Jahr* noch zum Striezelmarkt nach Dresden fahren *und dann nach Annaberg. Im nächsten Jahr singen wir Haydns „Schöpfung" und wir haben dann noch eine Freizeit mit dem Chor. Und dann* wollten wir eigentlich nach Ibiza. *Ich geh so gerne in die Berge. Wir sind dieses Jahr mit dem Alpenverein in den Stubaier Alpen gewandert. Und nächstes Jahr ist Seniorenwanderung in den Lechtaler Alpen,* das soll auch sehr schön sein. Wenn die Beine mitmachen, dann machen wir auch mit.
Früher haben wir gedacht, dass die schönste Reise Guatemala war, aber man kann das nicht mehr vergleichen. Südamerika war schön, es ist eigentlich überall schön. Japan ist auch so wunderschön, wenn die Kirschen blühen oder die Herbstfarben des Ahorns leuchten. *Wir haben schöne Sachen gesehen, da kann man wirklich dankbar und zufrieden sein.*

Unseren Wecker brauchen wir eigentlich gar nicht, wir haben den inneren Wecker, wir warten morgens nur noch ab, bis der Wecker klingelt. *Ich geh dann ins Wohnzimmer und mach meine Übungen. Ingeborg macht inzwischen das Frühstück. Es kann sein, dass abends im Bett noch eine vorliest und wenn ich manchmal nicht schlafen kann, dann mache ich Übungen im Bett.*
Wir sind schon gefragt worden, ja, was machen Sie dann, wenn eine von Ihnen stirbt. Da haben wir gesagt, kommt Zeit, kommt Rat. Was sollen wir uns jetzt Gedanken drüber machen? Wenn es soweit ist, dann muss man sowieso irgendwie damit fertig werden. Jeder Tag ist ein Geschenk, und darüber freut man sich. Wir haben wirklich Grund, dankbar und glücklich zu sein. *Ja.*

EINEIIGE ZWILLINGE IN DER FORSCHUNG

Eineiige Zwillinge bilden sich aus einer einzigen Eizelle, die sich kurz nach der Befruchtung geteilt hat: Es entstehen zwei genetisch identische Individuen, die sich in der Regel sehr ähnlich sehen und von außen stehenden Personen häufig schwer voneinander zu unterscheiden sind. Angenommen, zwei eineiige Zwillingspaare würden heiraten, so wären die jeweiligen Kinder genetisch betrachtet Geschwister. In den westlichen Ländern wurde erst gegen Ende des 20. Jahrhunderts damit begonnen, eineiige Zwillinge unterschiedlich zu kleiden. Davor trugen sie meist einheitliche Kleidung und Frisuren, was ihre individuelle Entwicklung und Außenwahrnehmung noch erschwerte. Die meisten eineiigen Zwillinge brauchen laut Hirnforschung etwa bis zum vierten Lebensjahr, und damit ein Jahr länger, als die meisten anderen Kinder, um sich als Individuum zu begreifen. Häufig entsteht bei Zwillingen auch eine Sprachverzögerung, weil sie sich zunächst in einer Art „Geheimsprache“, die sich aus Lauten und selbst erfundenen Wortbildungen zusammensetzt, untereinander verständigen. Aus entwicklungspsychologischen und pädagogischen Gründen wird heute Zwillingseltern eher dazu geraten, ihre Kinder in verschiedene Schulklassen zu geben. Dadurch können sie ihre unterschiedlichen Stärken entwickeln, einen eigenständigen Freundeskreis bilden und sind nicht dem permanenten Leistungsvergleich ausgesetzt.

Dennoch bevorzugen viele Eltern (und deren eineiige Zwillingskinder) auch in der Schulzeit die größtmögliche Nähe. Die enge Vertrautheit bietet Schutz und auch die Möglichkeit, die gewohnte Rolle weiter auszufüllen. Häufig tritt ein Zwilling als sogenannter „Außenminister“ auf, der die externen Angelegenheiten regelt, während der „Innenminister“ sich mehr um persönliche und beziehungsrelevante Belange kümmert.

Diese Rollenaufteilung entsteht meist in der frühen Kindheit und besteht fort, wenn sie sich bewährt und nicht durch ernsthafte Krisen in Frage gestellt wird.

Wenn ein Zwilling stirbt, kann das für den zurückbleibenden Zwilling ein so schwerwiegender Verlust sein, dass er sich entscheidet, auch aus dem Leben zu scheiden. In der abgetrennten Form scheint im extremsten Fall das Leben für den Einzelnen keinen Sinn zu machen. Das sind jedoch Einzelfälle, es gibt keine empirische Erhebung zur Suizidalität von „verwaisten" eineiigen Zwillingen.
Auch sollten die populärwissenschaftlichen „Testergebnisse" von eineiigen Zwillingen kritisch hinterfragt bleiben. Forschungen, die behaupten, in der Kindheit getrennte Zwillinge untersucht zu haben, die dieselben Vorlieben, Eigenschaften und familiäre Situation hätten (bis hin zum Vornamen der Ehefrau), entbehren zum Teil jeglicher wissenschaftlichen Grundlage und sind mehr wegen ihrer Originalität, als wegen ihrer fachlichen Glaubwürdigkeit bekannt geworden.

Während der Nazizeit unternahm der Lagerarzt von Auschwitz, Josef Mengele, an schätzungsweise dreitausend eineiigen Zwillingspaaren jüdischer Herkunft Versuche zum Thema „Arierforschung" und „Vererbungslehre". Dafür infizierte er sie mit Krankheitserregern, um die Krankheitsverläufe zu vergleichen und versuchte, äußere arische Merkmale wie blaue Augen durch Injektionen zu erzeugen. Diese grausamen Experimente überlebten nur etwa einhundert Kinder.

Die Epigenetik, die sich mit Steuerungsfunktionen der Gene beschäftigt, konnte zeigen, dass es auch bei eineiigen Zwillingen Unterschiede in der DNA gibt, was nur auf molekularer Ebene zu erkennen ist und mit zunehmendem Alter der Zwillinge dafür sorgt, dass bestimmte Gene unterdrückt und andere ausgebildet werden. Offenbar ist diese Entwicklung auf Umwelteinflüsse und Ernährung zurückzuführen. Das könnte erklären, warum beispielsweise nur ein Zwilling eines Paares krebskrank werden kann oder einer homosexuell, der andere heterosexuell.

NORA UND JOHANNA

geboren 1990 in Hamburg

„EIN GROSSES GESCHENK VOM UNIVERSUM"

Eine Freundin berichtete mir von den beiden „Zwillingsmädchen", die in ihrem Haus wohnen.
Nora und Johanna seien sehr offen und freundlich und würden eine intensive Verbundenheit ausstrahlen. Gemeinsam hätten sie nach dem Abitur eine große Reise gemacht, auf der bei beiden gleichzeitig dieselbe schwere Krankheit ausgebrochen sei.
Eine von ihnen wäre zum Studium in eine andere Stadt gegangen, sei aber nach einem Jahr zurückgekehrt, um wieder mit ihrer Schwester zusammen zu wohnen.
Als ich bei Nora anrief, war sie interessiert und sagte, sie wären gern beide zu einem Gespräch bereit.
Am verabredeten Tag klingelt es in der Praxis und als ich die Tür öffne, höre ich bereits wildes Kichern, das zweistimmig klingt, jedoch in der absolut gleichen Frequenz.
Zwei hübsche, dunkelhaarige junge Frauen kommen zur Tür herein, quirlig, lachend, neugierig, mit sehr ähnlichen Gesichtern. Nora trägt die Haare kurz geschnitten, während Johannas Gesicht kinnlange Locken umrahmen. Sie sind unterschiedlich gekleidet und ihre Stimmen haben beim Sprechen verschiedene Tonlagen, so sind sie gut auseinander zu halten.
Interessiert fragen sie nach unseren Zwillingen und lauschen der Geschichte, wie wir erfuhren, dass wir Zwillingseltern wurden.
„Für unsere Eltern war es auch eine richtige Überraschung", sagt Nora, und Johanna fährt fort, „die eine hat sich immer hinter der anderen versteckt, so erfuhren sie erst im sechsten Monat, dass wir zu zweit waren." Die Geburt schildern sie recht dramatisch: Drei Wochen lag ihre Mutter im Krankenhaus, weil sie sehr früh Wehen bekommen hatte. In der 39. Woche, am Muttertag, ging dann die Geburt los, und nachdem Nora spontan geboren worden war, lag Johanna quer und konnte nicht mehr in den Geburtskanal rutschen. Sie wurde mit einem Notkaiserschnitt geboren. Nora und Johanna haben noch zwei ältere Schwestern, innerhalb von vier Jahren haben die Eltern vier Mädchen bekommen.
Ich gebe Nora und Johanna meine Fragebögen und bitte sie, sich zum Ausfüllen einen Platz im Raum zu suchen und ihre Grenze durch ein Seil zu markieren.
Beide nehmen nebeneinander Platz, ohne Absprache Johanna auf einer Matratze,

Nora sitzt im Schneidersitz auf dem Boden. Öfter hält sie inne und schließt die Augen. Sie hat ein dickes Seil gewählt, dass sie umgibt, Johannas grünes Band ist offen und grenzt direkt an Noras.
„Mein Name ist Johanna Luise“
„Ich heiße Nora Carlotta.“

„WIR HABEN DEN GLEICHEN CHARAKTER“

Johanna: Unsere Eltern dachten ja am Anfang, es wird nur ein Kind, und das sollte dann Nora Johanna heißen.
Nora: Weil ich zuerst kam, wurde ich Nora genannt, das war ja der erste Name, den zweiten Namen bekam dann die Zweite.
Johanna: Meine Lieblingsfarbe ist grün.
Nora: Meine Regenbogenfarben, und meine Lieblingszahl ist die Elf, ich mag die beiden Einsen.
Johanna: Ich mag die Acht am allerliebsten, für mich steht das für die Unendlichkeit, den Kreislauf des Lebens, für das Gleichgewicht und Harmonie.
Beim Tier hab ich mich für den Hund entschieden.
Nora: Und ich für den Affen.
Johanna bricht in schallendes Gelächter aus. Das passt gut zu meiner Frisur. Nora lacht laut mit.
Nora: Johanna ist auch ein Affe! Ich finde Affen lustig und oft machen sie ja unvorhergesehene Dinge, sie sind einfach witzig und so ähnlich wie Menschen.
Johanna: Du bist ein Eichhörnchen.
Nora: Wieso das denn?
Johanna: Das ist mir spontan in den Sinn gekommen. Sie sind lustig und verspielt, das bist du ja auch.
Wir hatten selten die gleiche Kleidung an, weil wir ja vieles von unseren Schwestern geerbt haben, aber wenn wir neue Sachen bekamen, haben wir uns immer die gleichen Sachen gewünscht. Mit elf, zwölf hatten wir mal so eine Phase, da haben wir uns dann selber Kleidung gekauft, und das war dann gleich.
Nora: Das war nur etwa ein Jahr lang so. Heute machen wir das manchmal wieder zum Spaß. Einmal haben wir ein Verwechslungsspiel gemacht, in der Grundschule, das hat sogar geklappt. Wir waren in derselben Klasse, auch zu Anfang auf dem Gymnasium, dann später nicht mehr.
Johanna: In der achten Klasse habe ich entschieden, die Klasse zu wechseln.
Nora: Ich fand das eigentlich auch ganz gut. Das war eine Phase, in der jede von uns etwas Eigenes wollte. Mit vierzehn Jahren haben wir auch jede ein eigenes Zimmer bekommen, weil die älteste Schwester ausgezogen ist. Ich habe dann auch ein Jahr früher Abitur gemacht.
Johanna: Ich hatte dann ja auch die Schule gewechselt, dort habe ich mich nicht mehr wohl gefühlt.
Nora: Ich hab mich wohler gefühlt, ich weiß gar nicht, woher das kam. Wir hatten beide auch das Gefühl zu der Zeit, dass es besser ist, wenn wir in zwei verschiedene Klassen gehen. Es war eine relativ schwierige Klasse. Und wir waren ja beide schon starke Persönlichkeiten, es gab noch zusätzliche Spannung dadurch, dass wir immer zu zweit waren. Viele Leute um uns herum haben das nicht so gut

ausgehalten. Das haben wir beide immer gespürt, deswegen war es eine gute Entscheidung. Wie die Menschen um einen herum mit Herausforderungen umgehen, ist, glaube ich, in der Schulzeit ziemlich wichtig.

Johanna: Aber ich glaube, in der Schulzeit hätte man uns nicht trennen können. Unsere Eltern haben uns gefragt und wir wollten unbedingt, unbedingt zusammen sein. Wir hätten geschrien, wenn man uns getrennt hätte.

Der Leistungsvergleich war anstrengend, das war auch ein Grund, weshalb ich gewechselt bin. Man wird automatisch synchron geschaltet. Das muss schon ein ziemlich bewusster Lehrer sein, der einen nicht automatisch gleichschaltet.

Nora: Bevor unsere Schwester auszog, haben wir nicht den Wunsch gehabt, ein eigenes Zimmer zu haben, wir haben Rücksicht genommen und hätten das auch gar nicht ausgesprochen. Als es dann soweit war, war es gut.

Johanna: Wir mussten insgesamt in der Familie erst lernen, unsere Wünsche auszusprechen.

Nora: Mit achtzehn bin ich ausgezogen und zum Studieren nach Leipzig gegangen. Ich war in einer Springerklasse und hab deshalb ein Jahr früher mein Abitur gemacht. Ich habe Zahnmedizin studiert. Das war eigentlich ziemlich cool, am Anfang hab ich das genossen, aber dann bin ich nicht so gut klargekommen mit dem Studium und mit den Leuten. Und dann wollte ich wieder zu meiner Zwillingsschwester.

Lacht schallend, Johanna lacht mit.

Das war zu früh. Dann bin ich wieder zurück und hab gejobbt, und habe dann hier weiter Zahnmedizin studiert, habe dann aber aufgehört, weil ich gemerkt habe, das ist nur mein Ego und nicht mein Herz, das das wirklich will.

Danach habe ich ein Freiwilliges Soziales Jahr in einer Kita gemacht, und dann sind wir zusammen nach Kanada gereist, für ein halbes Jahr. Dann kam die Krankheit wieder zum Ausbruch bei uns beiden und die Behandlung hat ein Jahr gedauert.

Johanna: Ja, das war ziemlich ... Scheiße.

Nora: Zusammengefasst, ziemlich durcheinander. *Lacht wieder schallend.*

Johanna: Ein markanter Lebenslauf würde ich sagen. *Lacht mit.*

Nora: Unsere Eltern hatten ziemlich viel zu lernen, damit umzugehen. Ich würde sagen, wir sind zusammen durch einen starken Wachstumsprozess durchgegangen und sie haben viel dazugelernt, finde ich. Am Anfang konnten sie meine Entscheidungen nicht so richtig verstehen, ich glaube ganz tief im Herzen schon, aber der Kopf nicht, und mittlerweile verstehen wir uns richtig gut.

Johanna: Als Nora weg war, hab ich sie richtig doll vermisst, richtig, richtig doll. Das war zu früh. Wenn, dann wechseln wir eher die Stadt oder das Land irgendwann zusammen, oder?

Nora: Ich glaube auch, so eher nicht noch mal, oder? Nee!

Johanna: Wir gehören zusammen. Ich hab das damals auch gesagt.

Nora: Aber ich wäre auch zurückgekommen, wenn sie das nicht gesagt hätte, ich konnte einfach nicht mehr, ich musste wieder zurück. Das war ein richtig starker Ruf, so ein starkes Gefühl, wieder zurück zu müssen. Es lag nicht an den Leuten in Leipzig, ich mochte sie, hatte da auch Freunde, aber es hat sich wieder auseinander entwickelt. Ich hab auch das Wasser so doll vermisst, als ich in Leipzig war. Also, wenn irgendwo anders hin, dann da, wo Wasser ist oder Meer.

Die Krankheit wurde ausgelöst durch einen ganz seltenen Virus. Wir haben ihn zeitgleich bekommen, wir hatten immer alle Krankheiten zusammen. Der Virus kann inaktiv sein und aktiv, wir hatten ihn wohl schon, seit wir ganz klein waren. In der Grundschulzeit ist er auch schon mal aktiv gewesen, aber da wurde er noch nicht identifiziert. Der Virus setzt sich auf Organe und besetzt die Zellen, so dass die Organe nicht mehr richtig arbeiten können. Wir hatten beide schon öfter Erschöpfungsphasen gehabt, und Schulmediziner haben nie etwas gefunden. Nachdem wir aus Kanada zurückgekommen sind, haben wir einen Heilpraktiker gefunden, der das diagnostizieren konnte.

Nora: Der Virus hatte sich bei uns auf die gleichen Organe gesetzt, wir hatten genau die gleichen Werte, es war alles genau gleich.

Johanna: Deshalb sind wir auch früher aus Kanada zurückgekommen, wir wollten eigentlich ein Jahr bleiben und hatten uns so ein Work & Travel-Visum besorgt. Wir haben in einer kleinen Naturkosmetikfabrik auf Salt Spring Island gearbeitet. Das liegt vor Vancouver.

Nora: Es ist ein Familienbetrieb. In Victoria, auf Vancouver Island haben sie einen Laden, den wir so schön fanden, und wir sind ins Gespräch gekommen. Wir haben viele Leute kennen gelernt, es war eine wunderschöne Zeit.

Johanna: Als Kind wollte ich Schriftstellerin werden.

Nora: Ich Zoowärterin, ich wollte mit Tieren arbeiten. Du wolltest auch Erfinderin werden, erinnere ich mich.

Johanna: Heute würde ich lieber Musik machen.

Nora: Ich auch.

Johanna: Wir singen viel und dichten auch Songs. Jetzt müssen wir uns noch Gitarre beibringen.

Nora: Wir würden gerne unsere eigenen Lieder machen. Mal schauen, was sich daraus entwickelt. Erstmal ist da die Idee.

Johanna: Und wenn wir dem Wunsch folgen, wird da bestimmt auch beruflich irgendwas rauskommen.

Ich arbeite zwei Tage die Woche in einem Café.

Nora: Ich mache Babysitting. Im Herbst haben wir beide angefangen, Biologie zu studieren. Da sind wir dann auch in die Wohnung neben meinen Eltern gezogen. Biologie hat mich schon immer interessiert, wie die Natur funktioniert, das war auch in Kanada so beeindruckend.

Johanna: Ja.

Nora: Manchmal ist es schon viel.

Johanna: Wer weiß, was kommt, man weiß nie, was kommt. Wir lernen auch zusammen und fragen uns gegenseitig ab. Ich erinnere mich sehr genau, was ich zu unserer Einschulung getragen habe. Ich weiß auch noch, welches Spiel wir gespielt haben. Ich hatte ein rosa Kleid mit Rüschen an, Zöpfe, Sandalen und einen Pferderanzen.

Nora: Ich hätte gedacht, ich hab das rosa Kleid angehabt. Dir hab ich das blau-türkise Kleid zugeschrieben. Die Frisur und der Ranzen waren gleich.

Nora: Wir kamen gleichzeitig in die Pubertät.

Johanna: Innerlich waren wir mit fünfzehn, sechzehn am weitesten voneinander entfernt. Als du Abi gemacht hast, waren wir uns ja schon wieder so richtig nah.

Deshalb war es ja so schwer, als du nach Leipzig gegangen bist, es war einfach schwer, uns zu trennen. Wobei ich sagen würde, dass wir innerlich nie so ganz weit voneinander entfernt waren.

Nora: Ich denke, mit achtzehn, ich hab das so empfunden, als ich in Leipzig war, war ich auch innerlich am weitesten entfernt.

Ich würde sagen, unser Vater kennt mich am besten. Und dich auch.

Johanna: Ich habe unsere Mutter aufgeschrieben.

Nora: Ja?

Johanna: Meine Mutter kennt mich am besten, und noch ein guter Freund. Und dich kennt Amelie noch am besten, das ist eine gute Freundin von uns.

Nora: Ja, stimmt.

Als Kind hatten wir beide einen Phantasiefeind. Wir hatten so ein Phantasiespiel. Wir waren eine Bande und ich war der Häuptling. *Lacht.*

Unsere Schwestern waren auch dabei, aber nur ab und zu. Ich war so klein wie eine Erbse und Johanna war riesig, sie reichte bis zum Himmel.

Johanna: Ja.

Nora: Ich war dafür ganz stark, sehr muskulös, das hat sich so ausgeglichen.

Johanna: Und unser gemeinsamer Feind war „Hexe“, die hat unser Spiel immer verfolgt. Wir haben gegen sie gekämpft.

Nora: In der Wirklichkeit gab es einen Jungen im Kindergarten, der uns immer die Bauklötzer weggenommen hat, vor dem sind wir aber weggelaufen und haben uns immer versteckt. Wir haben nur im Spiel gegen „Hexe“ gekämpft und nicht in der Wirklichkeit.

Nora: Nach einer langen, anstrengenden Reise würde ich mit meiner Schwester vietnamesisch essen gehen. Das haben wir in Kanada kennen gelernt, da waren so viele vietnamesische Einwanderer.

Johanna: Ich würde dir Chili sin Carne kochen und würde mich am meisten über eine vietnamesische Suppe mit Reis freuen. Wenn du das kochen könntest, wäre es schön, aber ich würde auch gern mit dir essen gehen.

Nora: Wir mögen so gerne vietnamesisch.

Johanna: Und die Vietnamesen sind immer lustig. Es gibt hier ein sehr gutes vietnamesisches Lokal und die Besitzerin hat uns erzählt, dass es in Vietnam so üblich ist, dass die Schwestern immer zusammen wohnen bis sie heiraten. Sie fand das so süß, dass wir auch immer zu zweit auftauchen.

Wir haben acht gute gemeinsame Freunde.

Nora: Ich habe gar nicht gezählt, wir haben eigentlich alle Freunde gemeinsam. Das überschneidet sich im Moment.

Johanna: Also wir hatten immer gemeinsame Freunde bis zum Alter von vierzehn, dann hatten wir unterschiedliche beste Freundinnen, die jetzt wieder zu uns beiden gehören.

Einige von früher sind geblieben, zum Beispiel Amelie, das war meine beste Freundin und jetzt ist es auch deine, oder?

Johanna: Es war ja auch so, dass, wenn eine von uns jemand Neues kennen gelernt hat, der dann automatisch auch die andere kennen gelernt hat.

Nora: Sowieso ist es bei uns so, dass unsere Charaktere nicht so unterschiedlich sind, würde ich sagen, sondern wir haben den gleichen Charakter.

Johanna: Ja.

Nora: Was sich in mir findet, findet sich auch in Johanna und umgekehrt.

Johanna: Ja. Wir haben auch den gleichen Geschmack und die gleichen Werte, was uns wichtig ist.
Nora: Es gab auch Phasen, wo es mal unterschiedlich war. Ich zum Beispiel ein bisschen strebsamer in der Schule. Lacht laut.
Johanna: Stimmt, du Streber. Beide lachen.
Mich hat das gestresst.
Nora: Mich hat das auch gestresst. Das war ziemlich komisch, Streber zu sein.
Johanna: Meine Eltern haben die Leistung dann einfach erwartet, das war nicht ausgesprochen, aber es war da.
Nora: Unsere Eltern würden auch sagen, dass wir ähnlich sind vom Charakter. Mit unseren Schwestern ist das ganz anders, von denen unterscheiden wir uns total. Wir haben auch ganz andere Interessen.
Nora: Früher fanden die uns peinlich und nervig.
Johanna: Ich glaube aber, das ist ganz oft so, dass man von den kleineren Geschwistern genervt ist. Und unsere Schwestern hatten sich auch gegenseitig, die waren ja fast wie Zwillinge, ganz nah beieinander.
Nora: Die waren immer zusammen, wie wir, es hieß immer Nora und Johanna, Clara und Antonia, das wurde auch immer zusammen gesagt.
Nora: Ich finde es sehr wichtig, mich mit dem Partner meiner Zwillingsschwester zu verstehen.
Johanna: Ja, sehr wichtig! Beide lachen wieder laut.
Nora: Erzähl ich das jetzt oder nicht?
Johanna: Ich hab ihn dir nicht ausgeredet! Wir haben uns die Freunde nicht gegenseitig ausgeredet, aber wir haben uns schon ehrlich gesagt, wie wir sie finden, oder es auch so gemerkt. Das hat dann nie lange gehalten bis jetzt.
Nora: Dabei hatten wir da keine Konkurrenz. Für den Partner wäre das, glaube ich, zu anstrengend, wenn er beide gut fände, nee, die müssen sich schon entscheiden.
Johanna: Mein Gefühl sagt mir, dass wir Partner finden, die unsere enge Beziehung sehr gut akzeptieren können. Ich glaube, dass wir irgendeine Wohngemeinschaftslösung finden. Auf jeden Fall etwas mit einer großen Gemeinschaft, das ist mir sehr wichtig.
Nora: Ja, ich wünsch mir eigentlich nicht so nah abgeschlossene Familie, sondern auch eher, in einer größeren Gemeinschaft zu leben, und da passt das dann auch wieder rein. Kinder? Höchstens eins, keine Zwillinge, obwohl: Zwillinge wären auch okay, man kann das ja nicht planen. Ich mag Kinder. Wenn es in die Situation passt, und wenn ich ein gutes Gefühl hab, dann möchte ich Kinder haben, aber erst dann. Auf keinen Fall so ... vier Kinder. Ich will mich um das eine Kind dann auch intensiv kümmern können.
Johanna: Oder zwei.
Nora: Ja, oder zwei. Ich finde mit uns vier Kindern hätten sich unsere Eltern mehr Hilfe holen können.
Johanna: Teilweise war es einfach richtig anstrengend. Ich möchte auch, dass meine Kinder mit vielen anderen Menschen in Kontakt kommen, dass ich nicht der einzige Ansprechpartner bin und dass sie ganz viel Inspiration und Abwechslung haben. Wenn ich Zwillinge hätte, würde ich darauf achten, dass meine Kinder nicht nur die ganze Zeit zu zweit sind, sondern mit vielen anderen Kindern in Kontakt kommen. Unsere Eltern haben das eigentlich gar nicht schlecht gemacht.
Nora: Die haben ihr Bestes gegeben, so wie sie es konnten, in dem Moment.

Zwillingseltern würde ich aber auch sagen, dass sie ihre Kinder nicht gewaltsam trennen dürfen. Es ist wichtig, dass die Zwillinge das selbst entscheiden, wann sie das machen wollen.
Johanna: Das finde ich auch total wichtig, das muss jedes Zwillingspärchen selbst entscheiden,
Nora: Zum Beispiel, ob sie ihr Leben zusammen nutzen wollen, ob sie getrennte Wege gehen, oder einen Mittelweg wollen.
Nora: Als Pflanze fällt mir eine Rose ein, wenn ich an Johanna denke.
Johanna: Danke. Bei dir habe ich an eine Birke gedacht.
Nora: Schön, der ist immer so frisch, der Baum, so hell.
Johanna: Und beweglich.
Nora: Und beweglich. Die Rose ist so eine wunderschöne Blume und Johanna ist auch so wunderschön. Das ist ein Geschenk. Wenn man jemandem eine Rose schenkt, ist das etwas ganz Besonderes. Wir haben beide so ein großes Geschenk mitbekommen vom Universum, die beste Freundin haben wir schon mit auf den Weg bekommen, das ist so, wie wenn jemand mir eine Rose schenkt. Ja, und die Dornen gehören dazu, einerseits, andererseits das Feine. Wie die Schatten und das Helle.
Johanna: Ja.
Nora: Wir können unsere Schatten gegenseitig gut aushalten. Meine Schatten sind auch Johannas Schatten. Aber schlechte Phasen sind sowieso nie lang, wir können uns schnell gegenseitig wieder aufmuntern.
Johanna: Und Streit würden wir nicht lange aushalten. Wir haben uns gestritten, aber immer sofort wieder vertragen.
Nora: Das ist heute auch noch so, es ist uns meistens zu dumm. *Beide lachen laut.*
Johanna: Als gemeinsame Reise würde ich mir mit Nora ein Auto mieten und mit ihr gemeinsam durch Kanada fahren und immer da halten, wo wir Lust haben und schließlich am Strand von Kalifornien surfen lernen. Das würde anderthalb Jahre dauern.
Nora: Ich würde eine sechsmonatige Rucksackreise durch Indien mit dir machen.
Ich wünsche mir für meine Schwester die Verwirklichung ihrer Träume und Visionen. Und einen Seelenpartner.
Johanna: Sie soll glücklich sein und den Partner ihres Lebens finden, sie soll immer das machen, was ihr am allermeisten Spaß macht und ihre Herzenswünsche leben und viel lachen und zu sich stehen und frei sein. Nora lacht.
Als Symbol für uns habe ich zwei Kreise, die sich überschneiden gemalt, einer mit einem Stern in der Mitte, der andere mit einem Herz.
Nora: Und ich habe zwei Rosen gemalt, die sich umschlingen.
Wir haben uns sehr viel mit Spiritualität beschäftigt, wir machen Yoga und in der Zeit unserer Krankheit haben wir uns mit Heilen beschäftigt. Was da auf seelischer Ebene stattfindet, auch welche Affirmationen oder welche Glaubenssätze und Verhaltensmuster zu Krankheiten führen. Und wie das bei uns ist, warum die Krankheit überhaupt da war. Unsere Form von Yoga ist Spaß-Yoga, nicht zu ernst nehmen. Es heißt Flying Yoga, dabei hängt man in Tüchern.
Johanna: Man kann darin schaukeln und wird dabei von oben gestützt.
Nora: Eigentlich lernt man dabei das Fliegen. Das haben wir zusammen entdeckt.

KATHARINA UND ANNICK

geboren 1977 in Augsburg

„EIN DU, DAS ICH IST“

Seit unser Freund Alex sich in Katharina verliebt hat, weiß ich, dass sie eine Zwillingsschwester hat. Bei jedem unserer Treffen fiel Annicks Name und der ihrer Kinder so selbstverständlich, und auch für Alex gehört die Zwillingsschwester seiner Frau mit ihrer Familie nun untrennbar zu seinem Leben dazu. Obwohl sie an entgegengesetzten Enden Deutschlands leben, sehen sie sich regelmäßig. Katharina brachte mir einmal die Rede mit, die sie anlässlich der Hochzeit von Annick gehalten hat. Als ich sie anrief, um zu fragen, ob ich die Rede für das Buch verwenden dürfte, war sie sofort einverstanden.

Sie erzählte mir, dass sie gerade am vorigen Wochenende mit ihrer Schwester in München bei der Filmpremiere von „Hanni und Nanni“ war. Ihr Mann Alex hat dafür die Musik komponiert. Sie und Annick haben sich den Spaß gemacht, sich gleich anzuziehen, so dass ihre Eltern, ihr Schwager und ihr eigener Mann sie nicht mehr auseinander halten konnten. Der hatte sich nach einem Gespräch auf der Premierenfeier umgewandt und die hübsche Frau neben sich umarmt und geküsst. Es war allerdings Annick, da Katharina und sie gerade Plätze getauscht hatten. Dass er seine eigene Frau verwechselte, hat unseren Freund nachhaltig verstört.

Die beiden Zwillinge haben an diesem Abend eines ihrer Lieblingsspiele ihrer Kindheit und Jugend wiederholt. Kein Mensch wusste, wer von beiden wer ist – nur sie selbst.

Katharinas Hochzeitsrede für Annick

„DAS ZWEI IN EINS"

Alle Gäste, die heute hier sind, wissen, dass Annick nicht nur kein „Einzel"- sondern sogar ein „Zwei-in-Eins"-Kind ist.
Da es also ein lebendes Pendant gibt, möchte ich den Versuch unternehmen, dieses Phänomen ein bisschen genauer zu beschreiben.
Nun, wo, oder besser: wie fange ich an? Es gibt so viel darüber zu erzählen.
Ich glaube, bei mir dauerte es ziemlich lange, bis ich mir richtig bewusst war, was es heißt, ein Zwilling zu sein. Und ich habe mir viele, viele Gedanken gemacht, um hinter dieses Geheimnis zu kommen. Oder es zumindest für mich klar zu kriegen. Denn sogar wenn man ein Zwilling ist, heißt das noch lange nicht, dass dieses Phänomen für einen selber weniger schwierig zu verstehen ist, als für irgendeinen Forscher oder Außenstehenden.
Ich überschüttete mich also mit einem Berg von Fragen und versuchte, diesen langsam abzutragen.

Was heißt es, bereits von der Entstehung an, einen Raum (Mamis Bauch) mit jemandem zu teilen?
Wie sehr stellte ich mich hier schon auf ein DU ein?
Und auch mein DU auf mich?
Kann es möglich sein, dass ich dadurch Sicherheit für mein ganzes Leben habe, weil ich weiß: Da ist immer jemand?
Wie stark kann überhaupt eine Bindung an ein DU sein? (Sich näher als so zu sein, ist nicht möglich, denke ich)
Wie sehr prägt dieses Erlebnis mich schon, bevor ich auf der Welt bin?

Was ist das überhaupt, ein DU, das so aussieht, so denkt und fühlt wie ich; DAS ICH IST? Kann ich jemals individuell sein, wenn es mich noch einmal gibt?
Ist mein DU meine Konkurrenz?
Bin ich fähig, allein sein zu können?
Kann ich mein DU ertragen?
Welche Verantwortung habe ich nicht nur mir selbst gegenüber?

All diese Fragen (ich könnte noch unzählige Seiten damit füllen) wollen beantwortet sein. Und es ist unglaublich, was ich dabei auch über mich selbst gelernt habe.

Zurück zur Zwillingsgeschichte.

Es ist phantastisch, nicht nur jemanden zu haben, mit dem man immer spielen konnte. Jemand, der ohne Worte versteht, was man sagen will. Oft reichte schon ein Blick oder eine Berührung aus, und die andere wusste sofort, was gemeint war.
Schon früher, und auch heute noch, ist es lustig zu sehen, dass ich in bestimmten Momenten dasselbe denke wie Annick. Auch wenn wir örtlich getrennt sind.
Ja, dieses Phänomen haben wir am eigenen Leib erfahren (und tun es noch).
Es gibt tatsächlich beispielsweise vermeintliche Zahnschmerzen bei der einen, an genau dem Zahn, wo die Schwester soeben wirklich Schmerzen hat. Oder die eine begegnet jemandem und die andere träumt von dieser Begegnung, obwohl beide hunderte Kilometer voneinander entfernt sind.
Es macht auch riesengroßen Spaß, Eltern, Verwandte, Bekannte, das Publikum einer Vorstellung damit zu necken, dass wir gleich aussehen und keiner weiß, dass es zwei von unserer Sorte gibt, geschweige denn, wer von beiden wer ist.
Uns bewusst gleich anzuziehen hat uns oft viel Freude gemacht, und wir haben die Attraktion „Zwilling" sehr genossen damit.
Dann kam die Zeit, in der wir uns in allem voneinander unterscheiden wollten. Wir kauften verschiedene Klamotten, trugen die Haare verschieden lang, hatten unterschiedliche Haarfarben ... Wir haben versucht, alles zu vermeiden, was zeigte, dass wir gleich waren. Viel später erst habe ich gemerkt, dass ich das sowieso nicht verhindern kann.
Jeder wollte seine eigene Persönlichkeit, sein alleiniges ICH finden. Und vielleicht wollten wir nicht, dass zu dem jeweiligen Ich das DU unweigerlich mit dazu gehört. Als wir das kapiert hatten, wollten wir dann auch wieder ganz bewusst gleich sein.
Dann kam die Zeit der Trennung.
21 Jahre hatten wir neben- und miteinander gelebt. An einem Ort, immer erreichbar, die eine wusste fast immer, was die andere gerade tat oder wo sie war. Das war selbstverständlich.
Selbstverständlichkeit war ein großer, wenn auch unsichtbarer Wert in unserer bisherigen Beziehung. Wir kannten es nicht anders. Immer waren beide füreinander da. Egal was es gab.

Was würde eine räumliche Trennung mit uns machen? Wäre all das, was wir bisher hatten, in Gefahr?
Nein.
Obwohl uns unsere beruflichen Wünsche räumlich trennten, geschah nichts von dem Befürchteten. Im Gegenteil.
Nach drei Jahren Ausbildung und seltenem Sichsehen passierte es mir immer häufiger, dass ich mich im Spiegel oder in Schaufenstern sah und sofort reagierte, als wäre da Annick vor mir. Schnell musste ich mir dann sagen, dass ich es selbst bin, und erkannte an

mir immer mehr, was doch Annick für mich in früheren Zeiten ausgemacht hatte.
Das war schon wieder einmal richtig komisch! Es führte jedoch zu einem Engerwerden der Bindung, obwohl die Möglichkeit, sich stets zu sehen, nicht mehr da war.

Dann kam Annicks Entscheidung zu heiraten.
WOW!
Da war ich echt platt.
Als erstes war eine große Freude da. Freude darüber zu sehen, wie glücklich sie das alles macht. Michael, das Baby, in ihrem Beruf erreicht zu haben, was sie bis zum jetzigen Zeitpunkt wollte, nun bereit zu sein, eine eigene Familie zu gründen und mit ganzem Herzen die Verantwortung dafür tragen zu wollen.
Ich bin richtig stolz auf meine „kleine Schwester"!
Auf der anderen Seite macht es mich auch ein bisschen traurig. Ich glaube, traurig ist man immer dann, wenn etwas oder jemand nicht mehr für einen selbst da ist. Oder zumindest die Gefahr besteht, dass das passieren könnte. Sicher, jede von uns führt mittlerweile ihr eigenes Leben. Dadurch sind auch gewisse Selbstverständlichkeiten zwischen uns Schwestern verloren gegangen. Aber wie sollte DAS jetzt werden???
Eine Familie, das heißt entweder ganz oder gar nicht. Zumindest für die erste Zeit, völlige Unterordnung des eigenen Selbst!
Ich finde es fantastisch, wenn jemand sich so konsequent dafür entscheidet. Aber ich wollte auf keinen Fall darunter leiden!
Sollte ich auch nicht.
Nicht nur weil sich Michael als akzeptabelster Schwager herausstellte. Sondern weil auch Annick mir zeigte, nicht die geringste Absicht zu haben, mich zu vernachlässigen. Meine Panik war also völlig unberechtigt.

Meine bisherigen Fragen konnte ich alle beantworten und ich warte auf neue, die sicher kommen werden. Was jedoch immer bleiben wird, ist die Frage nach dem „Allein".
Ich kann sie nicht wirklich beantworten.
Alleinsein ist wichtig. Nicht nur für einen Zwilling. Ich war NIE in meinem Leben allein. Von Geburt an nicht. Und ich werde es auch NIE sein.

Dicker Kuss
Katharina

ZWILLINGE IN DER ÖFFENTLICHKEIT

„EINS PLUS EINS IST EINS“

Unterschiedliche gesellschaftliche Prägungen beeinflussen, wie Zwillinge von außen wahrgenommen werden. In der westlichen Gesellschaft, die auf Entwicklung und Erhaltung der Individualität basiert, bildet das enge, meist permanente Zusammensein, bis zu einem bestimmten Lebensabschnitt oder gar lebenslang, einen Gegenentwurf zu diesen Werten. Gleichzeitig gibt es eine Faszination, die das paarweise Auftreten von zwei (oder mehr!) sich gleichenden Personen ausübt. In der Werbung werden Zwillinge eingesetzt, es gibt Vermittlungsagenturen für eineiige Zwillinge, die bereits Babys zu Promotionszwecken vermitteln. Eineiige Künstlerpaare, die ihre Leben gemeinsam einem Genre widmen, wie die Kessler-Zwillinge oder die bildenden Künstler Gert und Uwe Tobias, umgibt eine doppelte Aura der Besonderheit.

Das Erfolgsrezept der Kessler-Zwillinge ist die Spiegelung, Doppelung und das symbiotische Verschmelzen. Das Motto der Künstlerinnen lautet „Eins plus Eins ist Eins“. Alice und Ellen Kessler beschreiben, dass ihre familiäre Situation, die Gewaltausbrüche ihres alkoholisierten Vaters, sie dazu brachten, sich zum gegenseitigen Schutz aneinanderzuklammern. „Unsere Angst vor seiner blinden Wut und das Gefühl, uns an niemand anderem festhalten zu können, hat uns für alle Zeiten zusammengeschweißt“. 1975 lebten sie nach dem Höhepunkt ihrer Karriere als „Showgirls“ bereits mehr als zehn Jahre in Italien. Ein Journalist des Playboy verriss sie, als „nicht mehr die Jüngsten und die Schönsten“. Ellen überredete Alice den Gegenbeweis anzutreten: Das Playboy-Heft mit den nackten 39-Jährigen war binnen weniger Stunden ausverkauft. Alice und Ellen Kessler hatten zwar beide längere Beziehungen, haben aber nie geheiratet. Heute leben sie in zwei Doppelhaushälften, die durch eine Schiebetür miteinander verbunden sind. Ihr Verhältnis bezeichnen sie als „zärtliche Hassliebe“.

Die bildenden Künstler Gert und Uwe Tobias, geboren 1973 in Rumänien, deren Erfolgskurve in der Kunstwelt nach ihrem Studium an der Hochschule für Bildende Kunst in Braunschweig bisher stetig nach oben stieg und mit einer Ausstellung im New Yorker MoMA 2008 ihren bisherigen Höhepunkt erreichte, entwickeln und gestalten ihre Kunstwerke im gemeinsamen Atelier in Köln. Lange haben sie auch zusammen gewohnt, bis Uwe Tobias Vater wurde, so dass zumindest dieser Lebensbereich nun getrennt ist. In ihrer Arbeit verstehen sich beide als gleichberechtigte Partner. „Jeder nimmt von jedem etwas und sieht seinen Beitrag in dem entstandenen Werk, das wir ja auch beide signieren.“ Uwe Tobias sagt, das Urteil seines Bruders würde ihm mehr bedeuten, als das eines Kunstkritikers. Streit gäbe es beim Arbeiten auch, das sei ein Teil ihrer Arbeit, sagt Gert Tobias, „jeder will ja mal sein Künstler-Ego durchboxen“.
Sie beide würden ihre Zwillingsexistenz kaum wahrnehmen, nur von außen würde das Thema immer an sie herangetragen. Das ist vielleicht ein Grund, weshalb sich beide privat stark von der Öffentlichkeit abgrenzen.

In den siebziger Jahren treten die eineiigen Zwillingsmädchen Gisela und Jutta aus Kassel in die Öffentlichkeit, die sich schneeballartig in der internationalen Kunstwelt vernetzen und durch Polit- und Kunstaktionen auffallen. Besonders berühmt aber werden sie durch ihre Kontakte zu Stars wie Bob Dylan, Dennis Hopper, Roman Polanski und Keith Richards. Sie tauchen ein in die Drogen- und Partywelt der Hollywood-Bohème, Gisela heiratet Paul Getty, den Erben des Getty-Imperiums, beide posieren für den Playboy. Das Thema Konkurrenz spielt zwischen ihnen eine große Rolle. Häufig interessieren sie sich für dieselben Männer, einmal prügeln sie sich auf einer Toilette um Bob Dylan. Jutta kehrt vor Gisela, deren Ehe mit Getty zerbricht, nach Deutschland zurück und heiratet den Filmemacher Adolf Winkelmann. Zusammen waren beide fünfmal verheiratet, jede hat zwei Kinder. Sie arbeiten immer noch frei, fotografieren, spielen Theater und veröffentlichen Bücher. Ihre Außenwirkung ist bis heute geprägt von der Doppelung der außergewöhnlichen Frau, die nach etwas Höherem strebt.
„Ich habe ja die Bindung nicht verstanden, sie war ja ganz gottgegeben, in dem Sinne, dass sie unbewusst und hingenommen war. Gisela war ein Teil von mir. Wenn ich als Kind im Zimmer war, hab ich sie atmen gehört, also einfach: sie war ich. Natürlich habe ich gleichzeitig auch unheimlich darunter gelitten, aber es war gar nichts, was ich hätte auflösen können oder wollen.“ (Jutta Winkelmann)
„Es bezieht sich ganz viel auf Jutta, obwohl sie mir eigentlich auch wildfremd ist. Die ganze Sache, dass ich ein Zwilling bin, ist mir absolut unheimlich.“ (Gisela Getty)
In dem Dokumentarfilm „Schneeweiß und Rosenrot“, den Christa Ritter und Rainer Langhans über die Schwestern drehten, bearbeiten Jutta und Gisela offen die Abgründe ihrer Zwillingsbeziehung, was sich in emotional ausufernden Interviewszenen widerspiegelt.

YVONNE UND CAROLA

geboren 1969 in Schleswig-Holstein

„SICH BLIND VERSTEHEN"

Carola und Yvonne habe ich schon als Kind kennen gelernt. Die beiden hübschen, dunkelhaarigen Mädchen, die ich nicht auseinander halten konnte, traten mit ihrem älteren, behinderten Bruder wie eine untrennbare Dreieinigkeit auf. 30 Jahre später melde ich mich bei Carola. Sie ist Lehrerin für Sonderschulpädagogik, hat zwei Kinder und ist alleinerziehend. Auch Yvonne hätte zwei Kinder und sei von ihrem Mann getrennt. Ich erwarte Carola und Yvonne einige Zeit später zu einem gemeinsamen Treffen, bevor ich mit beiden Einzelgespräche haben werde. Als ich die Tür öffne, kommen mir zwei strahlende, brünette Frauen entgegen, die unterschiedlich aussehen. Ich hätte sie nicht wiedererkannt. Von ihrer starken gemeinsamen Energie und ihrer Verbundenheit haben sie allerdings nichts verloren. Beide sind in schwarz gekleidet. Carola, die sich auf einen Sessel setzt, trägt einen Rock, eine Bluse mit tiefem Ausschnitt und enge schwarze Stiefel. Yvonne zieht sofort ihre Schuhe aus und macht es sich auf dem Teppich gemütlich. Ihre Haare hat sie zu einem Zopf gebunden, der oben auf dem Kopf baumelt, auf ihrem schwarzen T-Shirt glitzern bunte Pailletten, die Beine stecken in schwarzen Leggings. Dass sie heute dieselbe Farbe und Frisur tragen, sei Zufall. Beide sind gebräunt vom gemeinsamen Urlaub, den sie mit ihren Kindern auf Sylt verbracht haben. Es wäre einfach das Schönste, zusammen wegzufahren, Zeit miteinander zu haben und sich „blind" zu verstehen. „Eine wäscht ab, die andere bringt die Kinder ins Bett, so geht es Hand in Hand mit Bedürfnissen und Dingen, die zu erledigen sind."

Nachdem ihr Bruder Bernd mit Down Syndrom geboren wurde, (sie nennen ihn Oskar, weil er immer Kekse aß, wie Oskar aus der Sesamstrasse), riet der Arzt ihrer Mutter, so schnell wie möglich wieder ein Kind zu bekommen. Eineinhalb Jahre später kamen Carola und Yvonne auf die Welt. Mit ihnen lernte ihr Bruder zu essen, zu laufen, auf den Topf zu gehen.

Bis sie von zu Hause auszogen, teilten sich beide Mädchen das französische Bett in ihrem Zimmer. Als Oskar ein Jahr zuvor in eine Behindertenwohngruppe zog, wurde aus seinem Zimmer der Bügelraum, sie dachten nicht einmal daran, in getrennten Zimmern zu leben. Einer der größten

Wünsche für Yvonne wäre es, ein Jahr in Südamerika zu leben, die Sprache zu sprechen, die Kultur zu erleben. „Aber das geht halt nicht, denn dann wäre ich ja so lange von Carola getrennt, und das kann ich mir einfach nicht vorstellen."

„NACHDEM WIR UNS GETRENNT HABEN, WAR ICH WIRKLICH ICH SELBST"

CAROLA

Mir war bis zu unserem letzten Treffen überhaupt nicht bewusst, wie intensiv Yvonne dieses Gefühl hat, dass es auch ein Stück Verlust sein könnte, wenn sie sich räumlich von mir entfernt. Ich empfinde die Stabilität unserer Beziehung überhaupt nicht abhängig von einer räumlichen Trennung. Natürlich würde das Veränderungen mit sich bringen, aber ich hab niemals Verlustangst, weil ich glaube, es gibt nichts, was uns trennen kann. Das ruht so in mir und das hab ich auch vorher nie in Frage gestellt. Bei mir hat sich der Gedanke wegzugehen nie breitgemacht, weil ich mich sehr wohl fühle, so wie ich lebe. Früher hatte ich mal den Traum, nach Brasilien auszuwandern, aber mit den Kindern hat sich das total gelegt. Ich bin eben ein ganz geerdeter Mensch und fühle mich glücklich in diesem Leben, in dem ich stecke.
Ich war vielleicht deswegen überrascht, weil Yvonne für mich eine so Toughe ist, die das Leben anpackt, sie ist ja auch sofort präsent. Ich finde es immer wieder beeindruckend, wenn wir zusammen irgendwo sind, wie sie nach vorne prescht. Das war auch schon früher so, als wir Kinder waren. Meine Mutter hat mir erzählt, schon als Kind hat sie, wenn es Kekse gab, ihren schnell weggegessen, kam dann zu mir und hat meinen auch noch rausgepfriemelt. Sie war immer die Erste und die Schnellste und hat immer gedrängelt. Selbst beim Händewaschen. Das ist Raum, den ich ihr gerne gebe und eigentlich genieße ich es auch, mir anzugucken, wie sie das so macht. Ich fühle mich in keiner Weise von ihr an die Seite gedrängt, das ist vorbei. Das war mal so, aber das ist vorbei.

Eine meiner Säulen, da bin ich heute noch ganz dankbar, ist meine Mutter. Ich hab mich immer glücklich und behütet und beschützt gefühlt, und ich glaube, dass dieses Urvertrauen, was sie uns geschenkt hat, trotz ihrer damals persönlich schweren Situation, einer der wichtigsten Grundpfeiler ist, warum ich heute so sein kann, wie ich bin und warum ich auch weitergeben kann, was ich mal erfahren habe. Das ist sozusagen der Anfang von mir selbst.

Etwas, was ich sehr zu schätzen weiß, auch im Vergleich zu meinen Freundinnen und zu meiner Schwester, die mit Kindern in einer Trennungssituation leben, ist, dass ich eine finanzielle Unabhängigkeit habe und nicht in Abhängigkeiten bin von Menschen, mit denen ich eigentlich keinen Kontakt mehr haben will. Ich kann frei entscheiden und kann meine Kinder ruhig versorgen.

Innere Zufriedenheit in der Begegnung mit mir selbst ist mir wichtig. Ich bin jemand, der mit sich selbst alleine viel Kraft schöpft. Auch wenn irgendwelche Entscheidungen anstehen, wähle ich bewusst das Zurückgeworfensein auf mich selber, weil ich dann am besten erfahren kann, ob es so richtig ist, wie ich mir das wünsche und vorstelle. Ich glaube, das war schon immer so, ich konnte immer gut mit mir alleine sein.

Meine aktiven Erinnerungen an Yvonne und mich beziehen sich auf die Zeit nach unserer räumlichen Trennung. In der Zeit mit ihr haben wir selbstverständlich alles miteinander durchgekaut. Ich habe schon das Gefühl, dass wir durchaus unterschiedliche Meinungen hatten. Wir hatten auch unterschiedliche Interessen, später auch unterschiedliche Freundschaften und das war so in Ordnung nebeneinander. Ganz präsent ist für mich der Abschnitt nachdem wir uns getrennt haben. Wahrscheinlich, weil ich da wirklich ich selbst war.
Es ist nicht so, dass ich sage, Yvonne, als einzelner Mensch, ist eine der wichtigsten Säulen in meinem Leben. Sondern ich glaube, die Beziehung, die wir haben, ist so selbstverständlich, sie gehört einfach dazu. Vielleicht auch schon ein Stück zum Ich.
Ich hab immer nur wenige Freunde gehabt. Aber diese Freundschaften sind ganz intensiv und für mich unverrückbar.

Ganz eng im Verbund, das erlebe ich immer noch im Nachhinein, ist mein Bruder, dem wir den Rücken gestärkt haben. Ich glaube, das trägt auch heute noch. Wir, als festes System, mit allem, was dazugehört, mit ganz viel Nähe. Und mit vielen Kämpfen, weil wir eben auch von unserer Mutter den Auftrag hatten, auf ihn Acht zu geben. Das heißt, sobald wir das Haus verlassen haben, waren wir für ihn verantwortlich, ab dem Alter mit neun, zehn. Wenn wir nach den Hausaufgaben auf den Bolzplatz gegangen sind, kam Oskar mit, er stand da und die Kinder haben mit ihm gespielt. Es lag ein großes Stück Verantwortung bei uns, das hab ich immer intensiv gefühlt. Nicht als Belastung, aber als große Sorge, dass ihm andere was tun könnten und dass ich mich vor ihn stellen muss, wenn andere ihn angreifen. Und in der Pubertät das Gefühl, es könnte ja auch mal peinlich sein, was er so macht. Damit musste man ja auch fertig werden. Ich bin dichter an ihm dran als Yvonne, auch heute noch. Zweimal die Woche telefoniere ich mit ihm; und er ruft Yvonne an, aber sie geht meistens nicht ran.
Yvonne und mir war immer klar, wenn Bernd keine geistige Behinderung gehabt hätte, hätte er sich ab einem bestimmten Alter gar nicht mehr mit uns befasst. Wir fanden es schön, dass wir ihn so nah bei uns hatten.

Meine Mutter hat keine innige, körperlich geborgene Nähe zugelassen. Wir drei hatten uns untereinander. Es war ein Stück Diszipliniertheit bei ihr, auch Distanziertheit. Sie musste sich wahrscheinlich sichern und abgrenzen, damit sie überhaupt die Kraft hatte, ihr Leben zu leben. Es gab auch immer wieder Durchbrüche, wenn einer von uns in einer vermeintlichen Krise steckte. Beim Abitur, wenn der Stress groß wurde, oder sie hat mich beim Leistungstanz auf die Turniere begleitet und mir abends, wenn meine Füße voller Blasen waren, ein Fußbad gemacht und die Füße massiert. Da kam dieses Mütterliche und

Fürsorgliche durch. In kleinen Situationen hat sie ihre Liebe offenbart. Meine Mutter hat uns immer als eigenständige Menschen wahrgenommen, sie hat uns aber auch zugestanden, dass Yvonne und ich Intimität unter uns brauchten. Nie hat sie uns auseinander gerissen, man hätte ja auch einen Keil zwischen uns treiben können.
Bei meinem Vater standen wir sicherlich nicht im Mittelpunkt. Lange Zeit war er einfach der Versorger. Es gab auch ein paar herzliche Stunden, aber überwiegend hab ich es als großen Druck empfunden, wenn er zu Hause war.
Die Zeit, wo er stolz auf uns war, kam irgendwann, da hat er auch Fotos in seinem Portemonnaie gehabt. Aber ich fand, das war eben immer so ein nach außen gezeigter Stolz. Uns gegenüber konnte er das nicht zeigen, ich hab das nicht gefühlt als Kind. Ich hab mich von ihm eher immer unter Druck gesetzt gefühlt. Er hat dieses Konkurrenzverhältnis zwischen mir und Yvonne schön befeuert. Wenn er nicht da war, war es für uns befreiter, wir haben alle tief durchgeatmet.

Yvonne hat er mehr mitgenommen beim Fliegen. Ich glaube, wenn Yvonne bestimmte Dinge erreichen wollte, dann wusste sie, wie sie das von ihm kriegt. Er hatte das Geld locker sitzen, und wenn sie mal ausgehen wollte oder auf den Jahrmarkt, konnte sie sich das zunutze machen. Ich hatte nicht das Gefühl, es ging direkt auf meine Kosten, sondern sie hat ihn ausgetrickst. Wir hatten auch damals schon unterschiedliche Methoden. Und es kann durchaus sein, dass sie nach vorne gegangen ist, um für uns beide etwas rauszuschlagen, das war einfach ihre Rolle. Es war gar kein Gegeneinander, das hat er nur versucht. Es gab dann Geld für gute Zensuren auf dem Gymnasium. Und figürliche Sachen waren für ihn wichtig. Ich war eine Zeit lang dicker: „Warum bist du so dick, deine Schwester ist viel dünner?“ Ich war nur noch das Pummelchen und Dickerchen und nicht mehr Carola. Diese psychischen Verletzungen haben mich lange bewegt. Er fragt immer noch, wie viel ich wiege und merkt schon, dass er sich mittlerweile damit lächerlich macht, weil wir ihm mit einer anderen Souveränität gegenüber stehen.
Mein Vater ist ja pensioniert und war jetzt zwei Wochen im Krankenhaus wegen seiner Herzgeschichte. Ich hab wieder ganz viel Kontakt mit ihm gehabt, ihn zum Arzt geschleppt und mir von den Doktorinnen Bericht erstatten lassen. Das ist eine Chance, mal an ihn ranzukommen.

Unser Freund Finn, der auch sehr gerne bei den Kindern ist, hat etwas Fürsorgliches für uns, wie meine Mutter. Er ist ein ganz eigener Mensch, er hat eine Schlüsselrolle in meinem Leben. Er hat selber keine Familie und das ist auch das, was viele von außen kritisch sehen. Es ist gesellschaftlich nicht unbedingt akzeptiert, dass ein Mann eine freundschaftliche und fürsorgliche Rolle einnimmt, ohne mit Dir in einer körperlichen Beziehung zu stehen. Für uns ist es klar, auf der Mann-Frau-Ebene funktioniert es nicht zwischen uns. Uns ist bewusst geworden, dass wir Gefahr laufen würden, diese wertvolle, wundervolle Freundschaft aufs Spiel zu setzen, wenn wir diese Schwelle überschreiten. Das wollen wir beide um keinen Preis. Denn das, was wir jetzt haben, ist ein Geschenk. Und wir wissen auch, wir werden bis zu unserem Lebensende diese Nähe behalten, das

kann uns keiner nehmen. Das ist eine ganz besondere Verbindung, sie ist bedingungslos.
Es gibt aber auch den Wunsch, den ich für ihn hab, und er für mich, dass wir unser Herz wieder für jemanden anderen entdecken und erfüllen. Finn gehört zu uns, er gehört zum innersten Kern unserer Familie.
Bei Yvonnes Kindern, Max und Marie, wird mir schmerzhaft bewusst, dass ich keine Nähe von ihnen spüre. Die mögen natürlich Lotta und Fine total gerne, aber obwohl ich Patentante bin, wir auch in den Ferien viel Zeit miteinander verbringen, sind beide sehr in sich eingeschlossen. Ich versuche trotzdem regelmäßig, Nähe zu ihnen aufzubauen und vielleicht fruchtet es irgendwann, vielleicht aber auch nicht. Wenn Yvonne nicht da ist und ich die Verantwortung für ihre Kinder habe, dann lassen beide Nähe zu und suchen sie auch. Max sagt manchmal „Mama" zu mir, wenn sie bei uns schlafen, weil wir uns einfach ähnlich sehen, und dann sagt er „hups, ich hab grad Mama zu dir gesagt". Ich denke, weil er vertieft ist, in sein Spiel, er ist in seiner Welt.

Yvonne sehe ich zu uns als System schon sehr nahe, aber wir treffen uns nur in ausgewählten Momenten. Sie hat einen riesigen Bekanntenkreis mit gesellschaftlichen Verpflichtungen. Eigentlich hat sie nie Zeit. Wenn ich mich mit ihr treffen möchte, muss ich mich rechtzeitig anmelden und muss dann hoffen, dass sie gerade nichts anderes vorhat. Sie hat ganz andere Verpflichtungen als ich. Wir telefonieren zwar viel, aber diese Nähe, die ich mit Finn und den Kindern teile, da ist sie nicht so mit drin.

Yvonne und ich haben beide mit der Tanzschule angefangen und dann bin ich in den Leistungstanz gegangen. Standard und Latein. Ich hab das gemacht bis ich 22 war. Das war toll. Ich habe fünf Mal die Woche drei Stunden trainiert. In drei Klassen waren wir Hamburger Meister. Ich hatte einen festen Partner, der war schwul und das war gut.
Und dann kam wieder das gleiche Thema, was mir durch meinen Bruder auch so bewusst wurde. Es gab sehr viel Konkurrenz, Fassade, wenig Kollegialität, wenig Teamgeist, wenig Echtheit, was da so hinter den Kulissen ablief. Man musste irgendwann eine Grundsatzentscheidung treffen und ich habe mich dagegen entschieden. Das war in Ordnung. Ich habe es zwar lange vermisst, weil mir das Tanzen als Sport unglaublich Spaß macht, aber irgendwann werde ich noch mal Flamenco lernen. Das kann ich auch alleine tanzen.

Ich kann mich überhaupt nicht dran entsinnen, dass ich mir vorgestellt hätte, wie es wäre, allein geboren zu sein. Das sollte da sein und war auch unangezweifelt da. Es gab Augenblicke, wo ich gedacht habe, oh, die blöde Nuss, weg mit dir. Aber der Wunsch, alleine geboren zu sein, überhaupt nicht.

Als Kind hatte ich Todesängste. Das war etwas, was Yvonne und mich auch ganz stark verbunden hat. Daran erinnern wir uns beide noch, dass uns diese Angst, aus dem Leben zu treten, einmal sterben zu müssen, das Herz zugeschnürt hat. Wir haben kleine Panikattacken bekommen. Immer abends, wenn wir im Bett lagen und die Dunkelheit kam, haben wir uns an den Händen gehalten, wir haben auch oft geweint und sind dann händchenhaltend eingeschlafen. Manchmal kommt dieses Gefühl wieder in mir hoch, gerade abends, wenn ich das Leben so schön finde, gar nicht weg möchte und es mir nicht vorstellen kann, nicht mehr Teil dieses Lebens zu sein, das ich führe. Aber ich kann schneller wieder davon wegkommen. Als Kinder hat uns das ganz lange gepackt gehalten.

Ich glaube, im Zusammenhang mit Freundschaft und Liebe gab es Gefühle von Verraten-worden-Sein. Da war schon mehr Konkurrenz als auf anderen Ebenen. Aber wir haben gleich darüber gedacht: Wenn wir denselben nett finden, dann lassen wir beide die Finger davon, bevor eine von uns darunter leidet. Wir waren uns so wichtig, dass wir nicht jemanden von außen reinlassen wollten, der etwas zerstört. Das gelang mal mehr und mal weniger. Ich hatte schon das Gefühl, wenn ich mit meinen Freunden zu Hause war, dass Yvonne sehr präsent war. Sie hat ja eine sehr ansprechende Art, sehr offenherzig. Manchmal naiv offenherzig. Und da hab ich Yvonne sehr stark als Konkurrenz wahrgenommen. Ich hatte Angst, dass ich abgemeldet bin, wenn sie erstmal die Fläche betritt. Ich dachte, alle müssten sie besser finden als mich. Das hat sich gewandelt, seit ich ausgezogen bin und nicht mehr mit ihr unter einem Dach zusammen gelebt hab. Aber damals hat mich das sehr verunsichert.

Es gab einen Freund mit dem wir beide zusammen waren, aber mit Abstand, und irgendwann war er ein Freund für uns beide, denn diese Beziehung ging auch bei ihr auseinander. Unsere Freunde, das waren Herzensangelegenheiten, die auch auf unsere Person zugeschnitten waren.

Yvonne war immer fleißiger. Sie war schon immer strebsamer beim Auswendiglernen und gewissenhaften Sichhinsetzen. Das hat mich manchmal gestresst.
Meine Mutter hat mich schon damals im sozialen Berufsfeld gesehen, sie hat mich ein bisschen gedrängt, etwas mit Menschen mit Behinderungen zu machen. Ich hab mich aber renitent widersetzt, weil ich nicht wollte, dass sie sich einmischt. Ein soziales Jahr find ich schön, hab ich gedacht. Ein bisschen Zeit zu haben, zu überlegen, es wachsen zu lassen. Ich habe dann im Waldorfkindergarten gearbeitet. Und ich konnte dann sagen, ich will etwas Soziales machen, aus eigenem Antrieb. Meine Mutter hat wohl sehr früh gesehen, dass Yvonne eher in Richtung meines Vaters tendiert, etwas Materielles, Wirtschaftliches macht, und sie hätte es wohl schade gefunden, wenn das andere so verschütt geht.

Ich weiß gar nicht mehr, wann ich meiner Schwester gesagt habe, dass ich heirate. Das präsentere Erlebnis für mich war, dass ich nach zweieinhalb Monaten Beziehung schon schwanger geworden bin. Frank war ein alter Jugendfreund von meiner besten Freundin, auf dem Kiez hat sie ihn mir vorgestellt. Es hat sofort geknallt und war total schön. Ich habe bei meiner Schwester angerufen, die gearbeitet hat. Wir haben uns in einem Café getroffen und haben meine Mutter dazu bestellt, weil ich Angst hatte, dass sie mir die Ohren lang zieht. Ich war ja noch im Studium. Meine Schwester habe ich eingeweiht und ihr gesagt, wir müssen es Mama irgendwie beibringen. Yvonne war sozusagen meine Schützenhilfe. Da war sie die erste Ansprechpartnerin für mich.

Und auch die Verstärkung gegenüber der vermeintlichen Moralpredigt, die gar nicht kam. Meine Mutter hat gesagt: „Oh, drei Sekt, wir haben was zu feiern". Mir ist ein Stein vom Herzen gefallen.
Frank und ich haben erst nach der Geburt von Carlotta geheiratet. Yvonne hat sich immer für mich gefreut. Das war ganz ehrlich. Das ist auch heute so, sie wünscht mir, dass ich mir Raum nehme für eine Beziehung. Ich glaube, sie denkt manchmal, ich geh zu sehr allein durchs Leben.
In zehn Jahren würde ich es gerne sehen, dass meine Kinder gut ihren eigenen Weg gehen können und ich zwar immer für sie da bin, aber dann ein Stück mein eigenes Leben fortsetzen kann, in der Nähe zu meiner Mutter und meinem Bruder.
Das ist für mich immer noch so, da wo meine Mutter ist, ist auch mein gefühltes Zuhause.
Ich habe noch den großen Wunsch, einem Menschen, einem Mann, zu begegnen und mit dem, aus einem gereifteren Leben heraus, eine Mann-Frau-Beziehung zu leben, mit toleranteren Gesichtszügen, als dieses immer ganz enge Zusammensein wie früher. Wieder zusammen zu gehören.

„ICH HABE MICH IMMER ALS INDIVIDUUM GESEHEN"

YVONNE

Mein Mann hat oft gesagt, dass ich schwer allein sein kann und dass das sicherlich an meiner Zwillingsrolle liegt. Als wir uns kennengelernt haben, war ich noch verlobt, und dann hab ich mich von meinem Verlobten getrennt, wegen Jan. Ich war ausgezogen und Jan kannte es nicht, dass man sich regelmäßig sieht. Es war ein Kampf, dass wir uns überhaupt zweimal die Woche gesehen haben. Ich bin dann bald zu ihm gezogen. Ich wollte immer sehr schnell Nähe, weil ich es vielleicht auch vermisst habe, dass Carola nicht mehr da war.
Ich muss sagen, ich bewundere Carola, dass sie sich nach ihrer Trennung relativ gut zurückgezogen hat. Aber auch ich muss irgendwo zu meinem Recht kommen, als Frau.
Ich bin seit 11 Monaten getrennt. Ich denke, ich bin aus der Ehe rausgewachsen, weil ich immer alles allein gemacht hab. Ich habe meine Kinder geschnappt und bin am Wochenende zu Freunden gefahren, weil Jan dann seine Ruhe haben wollte. Georg, mein Freund, ist ganz wichtig, weil er die weibliche Seite von mir abdeckt. Er steht auch für Natur, Erde, Liebe, das, was einen bei den Wurzeln packt und durch die Adern fließt.

Ich wohne im Haus von Jans Eltern und sie sind manchmal noch mehr meine Eltern als meine eigenen. Sie geben mir sehr viel Liebe und sind ganz süß mit mir. Den Sperrmüll habe ich jetzt gemacht, sie freuen sich, dass ich das anleiere und sie sind ganz großzügig. Wir haben oft nette Gespräche. Das war Jan schon immer klar, dass ich jemand bin, der sehr kommunikativ ist, das hat er auch sehr an mir geliebt und liebt es auch immer noch, denke ich.

Carola ist für mich getrennt von meiner eigentlichen Familie einfach etwas Besonderes. Wir telefonieren gerade jeden Tag, im Moment sind wir wieder sehr eng. Es ist eine gesonderte und nähere Beziehung. Zu meinen Eltern und Oskar habe ich eine recht lockere, herzliche Verbindung. Es ist wenig Verpflichtungsgefühl aber viel Verständnis füreinander da.

Max und Marie, meine Kinder, sind natürlich ganz wichtig. Ich liebe sie sehr, aber ich weiß, sie sind eine Leihgabe, und vielleicht versuch ich mich im Unterbewusstsein auch manchmal schon so ein bisschen darauf einzustellen, dass die Pubertät kommt und sie irgendwann aus dem Haus sein werden. Auch wenn das sicherlich schwierig wird, ich hoffe, das ist ein Prozess, der einigermaßen gut geht. Ich liebe sie natürlich über alles und habe oft ein mulmiges Gefühl wegen der Trennung.
Ich habe einen großen Freundeskreis. Wir haben eigentlich immer was vor, gehen zum Abendbrot nach Gegenüber oder machen mal einen Frauenabend in der Nachbarschaft. Ich habe auch eine beste Freundin, Kerstin. Wir telefonieren zweimal die Woche, aber wir sehen uns nicht so oft. Seit wir 19 sind, sind wir beste Freundinnen. Aber trotz allem, Ruli ist die allerbeste Freundin, sie deckt diesen Part ab. Ruli, sage ich immer zu Carola, das hat Oskar mal aufgebracht.

Eine positive Einstellung ist mir wichtig. Ich finde das Leben einfach sauschön. Und Sport ist mir auch noch wichtig, weil ich gern draußen bin, an der frischen Luft. Das ist auch ein bisschen Adrenalin-Abbauen, weil man ja doch, wenn man alleine erzieht, auf Sachen Rücksicht nehmen muss oder sich drauf einstellen muss. Ich jogge sehr viel, ich bin schon acht Marathons gelaufen. Jan hat immer gesagt, ich laufe vor irgendwas weg, ich müsste da mal nachgucken. Ich mach das gerne morgens, wenn die Kinder noch schlafen, um halb sechs vor der Arbeit, eine Stunde im Dunkeln oder auch im Sommer, wenn die Sonne aufgeht, das ist herrlich. Man hat Zeit, den Tag für sich zu planen oder Träumen nachzuhängen, also im Prinzip einfach mal für sich selber da zu sein, das ist mir ganz wichtig. Meine Mama war immer wie ein ruhiger Schatz. Sie hat sich nicht soviel eingemischt, aber sie war immer für uns da. Papa hatte was Exotisches durch seinen Beruf als Pilot. Wenn wir dann gemeinsam Abendbrot aßen, was nicht so oft vorkam, gab es Streit zwischen meinen Eltern. Wenn es mal einer dieser besonderen Abende war, dann war der Tisch schön gedeckt, es gab Tee und er hat dann vielleicht Pistazien mitgebracht, oder irgendein Gewürz, und wir haben schön gesessen. Er hat Fotos gezeigt oder von fremden Ländern erzählt, das war immer spannend. Er hat unsere Lebensbasis und Sicherheit dargestellt, er war der Ernährer, auch wenn er nicht da war.
Oskar war auch ein kostbarer Schatz, von dem man nicht genug kriegen konnte, trotz allem. Carola stand immer ganz nah an meiner Seite.
Wenn ich so an meine Kindheit denke und an die Pubertät, dann war das immer Carola, die das begleitet hat. Dadurch hab ich auch wenig über Dinge gesprochen, die mich beschäftigt haben, positiv oder negativ. Wenn es um ganz persönliche Dinge ging, habe ich das an meiner Mutter vor-

beigeschleust, eher war Ruli dann da. Bei ihr war das vielleicht anders. Ich glaub, sie und meine Mutter haben schon mehr gesprochen, aber ich hatte dazu nicht so den Draht.
Von allen kam ich mit meinem Vater am besten klar, ich bin ihm auch in einigen Sachen ähnlich. Wenn er weg war, sagte meine Mutter: „Du bist wie dein Vater. Wenn er nicht da ist, dann bist du eben da.“ Das war natürlich schon ein bisschen Beschimpfen, weil die sich wirklich viel gestritten haben. Dann hat Mama geweint, dann hat Carola geweint, dann hat Oskar geweint, alle gingen weg, ich saß da mit Papa. „Na toll, Papa, haben wir wieder gut hingekriegt.“
Er hat Leistung honoriert, für gute Noten gab es immer Geld. Ich konnte ihn auch ganz gut um den Finger wickeln, wenn es wieder einen neuen Mantel bei Benetton gab, dann: „Papa ...“

Mama hat uns viele Hobbys zugestanden. Ballett hatten wir manchmal 8 Stunden die Woche, Tanzschule. Wir haben Tennis gespielt, Tischtennis, Musik. Ich denk manchmal, damit sie ihren Freiraum mit Oskar hatte, sie wusste dann, dass wir beschäftigt sind. Es hat uns ja nicht geschadet, es hat uns, denke ich, sehr geprägt. Zum Schluss hab ich Ballett zwei Jahre allein weitergemacht, als Carola aufgehört hatte, und es stand auf der Kippe, ob ich ins Internat gehe und professionelle Ballerina werde. Da hat Mama sich hinter mich gestellt. Sie hat gesagt: „Das ist nicht das, was du jetzt brauchst!“ Und das stimmte. Ich war darüber nicht traurig. Wir haben zusammen Musik gemacht, ich Klavier und Ruli Altflöte, und auch Konzerte zusammen gespielt. In der Schule haben wir mit unterschiedlichen Leistungskursen angefangen, aber sind dann doch wieder bei den gleichen gelandet, Biologie und Geschichte.
Ich kann mich nicht erinnern, dass Carola und ich große Diskussionen hatten, wer den Ton angibt. Ich war ein Drängler, das weiß ich. Ich hatte immer einen Drang, nicht besser zu sein, aber schnell zu sein. Diesen Impuls hab ich immer noch. Ich messe mich einfach gerne. Auch wenn es um Teamjobs in der Firma geht, bin ich gerne mal Teamführung und finde es auch gut, wenn wir gewinnen. Ruli sagt oft, dass wir aneinander gemessen wurden. Eine Zeit lang war sie etwas kräftiger, das hat ihr auch zugesetzt, aber mir ist das nicht so aufgefallen. Ich weiß noch, dass Papa dann manchmal gesagt hat „mein Barock-Engelchen“ oder „warum ist die Note schlechter?“ Aber damals war ich wahrscheinlich nicht feinfühlig genug, für sie Partei zu ergreifen.

Ich denke oft, wir waren einfach ganz liebe, angepasste Kinder, das sagt selbst mein Vater, wenn er jetzt seine Enkel sieht. Indirekt sagt er dann, wir erziehen die nicht gut genug. Wir haben uns wohl zu wenig gewehrt, wenn uns was gestört hat.Mein Vater hat es geliebt, sein Auto zu wienern. Einmal hat er mir einen feuchten Lederlappen ins Gesicht geknallt, einfach so. Das fand ich so demütigend, da hab ich ihn in den Bauch geboxt, aber wohl so stark, dass er richtig zusammengeklappt ist, er ist ja nicht groß. Das tat mir dann leid, aber ich war einfach sauer, es war eine ganz spontane Reaktion, ich dachte, das ist nicht sein Recht. Da war eine Grenze überschritten. Dadurch ist vielleicht mehr Respekt gekommen.

Es gibt Leistungsgespräche in der Firma, und bei mir ist immer der größte Kritikpunkt, dass ich mich selber zu wenig in den Vordergrund stelle. Ich denke, das ist eine typische Eigenschaft von uns beiden, dass wir eigentlich ganz gut sind, in allem was wir tun, aber ein großes Maß an Bescheidenheit haben. Ich denke, das kommt auch durch Oskar. Wir haben uns häufig zurückgenommen, weil Oskar einfach Rücksicht brauchte. Wir haben soziales Bewusstsein mitbekommen. Deswegen ist es uns vielleicht auch nicht so wichtig zu sagen, jetzt guck mal hier, das habe ich alles gemacht. Ich werde in Teamfähigkeit immer als Beste benotet, klar, Zwillingsschwester, behinderter Bruder, das funktioniert. Ich kann Bedürfnisse von anderen schnell erkennen.

Ich habe es nicht als Belastung empfunden, mich um Oskar zu kümmern, ich habe das immer gern gemacht. Er hat mit Fußball gespielt, er stand im Tor, war mit in der Disco, im Schwimmbad, er war immer bei uns. Wir haben uns nie für ihn geschämt. Wir waren ja auch viel in der Geistigbehindertenschule. Durch diese behinderten Menschen habe ich einen festen Glauben an das Gute im Menschen. Als Kinder haben wir einfach viel Liebe erfahren, sagen wir zu 90 Prozent, weil wir viel mit Behinderten zusammen waren. Bedingungslose Liebe.

Wir hatten so ein französisches Ehebett. Ruli und ich sind abends, als wir nebeneinander lagen, immer Hand in Hand eingeschlafen, mit Kassette. Es war eine totale Nähe. Und als Carola ihren ersten Freund hatte, da war ich schon ein bisschen eifersüchtig. Sie hat mir das erzählt: „Oh, wir haben uns geküsst, und das war so schön.“ Ich erinnere noch, dass ich innerlich echt sauer war.
Ich hab nie gedacht, dass es ohne Ruli nicht geht. Aber sie war eben die perfekte Ergänzung zum Wohlfühlen. Einzelne Reisen habe ich mit meinem Vater gemacht, Hong Kong und Bangkok. Manchmal frage ich mich auch, wieso wir nicht zu zweit dabei waren. Es war in Ordnung, ein paar Tage getrennt zu sein. Vielleicht ist es leichter, wenn man selber geht. Ruli war zwei Wochen in Moskau, als sie 14 war und da hab ich sie sehr vermisst.

Ich hatte immer einen eigenen Kopf. Carola hat ja ein soziales Jahr gemacht, ist dann auch sofort ausgezogen, hat eine Wohnung finanziert bekommen, hat dann Sonderpädagogik studiert, während ich jeden Morgen brav in die Bahn gestiegen bin, zur Fremdsprachenschule. Das war eine anspruchsvolle Ausbildung mit viel Büffelei, und als ich meinen ersten Job hatte, einen festen Vertrag mit 23, hat meine Mutter zu mir gesagt: „Nun ziehst du aus“. Sie wollte dann zu meinem Bruder.

Carola hatte so schöne Gefühlsausbrüche, die mir manchmal auch das Leben gerettet haben. Wenn irgendjemand gegen mich war, hat sie den gepackt und mich verteidigt. Unserem Nachbarsjungen hat sie mal in den Oberschenkel gebissen, sie konnte von Null auf Hundert so richtig wütend werden. Wir waren nicht immer lieb und nett miteinander. Dauernd in einem Zimmer zusammen und zwei Schreibtische links und rechts. Irgendwie hatten wir uns mal gekabbelt, saßen Rücken an Rücken, mit einem Meter Abstand. Ich weiß nicht mehr worum es ging, aber sie hat mir ihren

Füllfederhalter in die Hand gehauen, der blieb stecken. Im Geiste sah ich schon die Tinte durch meine Blutbahnen fließen. Ich war geschockt und völlig fassungslos. Meine Mutter hat dann eingegriffen. Meist war es so, dass eine von uns beiden im Zimmer blieb und die andere musste raus. Es wurde abgeschlossen, und dann gingen immer die Zettel unter der Tür durch. Wir konnten es nicht ertragen, dass ein Streit in der Luft hing. Immer haben wir uns sehr schnell wieder vertragen. Und meistens hat diejenige, die draußen war, wieder aufgeschlossen. Das Eingeschlossensein fand ich nicht so schlimm, schlimmer war, dass wir getrennt waren und nicht kommunizieren konnten, um das wieder aufzuarbeiten. Je älter man wird, desto mehr lernt man dazu und weiß auch, dass manchmal Dinge einfach so im Raum stehen bleiben und sacken müssen, bevor man wieder darüber spricht. Aber damals war es eine Seelenqual, in dem Augenblick getrennt zu sein, wo wir uns gestritten hatten.

Als ich mich verlobt habe und heiraten wollte, war Carola irgendwie stinkig. Mit dreiundzwanzig hab ich Matthias kennengelernt. Seit ich vierzehn war, hatte ich immer einen Freund. Ich hatte einfach gern immer jemand um mich. Matthias und auch Jan damals wollten den Sack sehr schnell zumachen. Beide haben sich sofort mit mir verlobt. Damals hatte ich gerade in einer Kanzlei angefangen, Steuerberatung, alles ganz langweilig. Und Ruli mitten im Studium. Manchmal rief sie morgens um halb neun an, „Ich komm grad vom Kiez" – „Ruli, ich fange grad an zu arbeiten" – „Ich geh jetzt schlafen", es waren wirklich völlig verschiedene Leben auf einmal. Als ich mit Matthias ganz im spießigen, genormten Fahrwasser war, sagte sie: „Du hast dich total verändert." Sie hatte dann auch Andrea, ihre beste Freundin, und dann haben wir uns mal für ein paar Jahre aus den Augen verloren, von der Bindung her.

Ich erinnere mich noch, als unser Cousin geheiratet hat, und Ruli und ich saßen nebeneinander auf der Fahrt zur Kirche. Da hatte sie so einen Einbruch, dass ich schon im sicheren Hafen sei und alles feststünde, während sie rumtingelte und noch nicht den Mann fürs Leben gefunden hätte. Der kam dann ja ganz schnell. Und letztendlich hab ich nach ihr geheiratet.

Ich war vielleicht auch sehr egoistisch, damals. Ich habe mich immer als Individuum gesehen, und ich habe mich auch nicht abhängig gefühlt. In den letzten Jahren ist es wieder enger geworden, vielleicht durch Rulis Trennung von Frank oder durch die Kinder, wir sind vom Gefühl her wieder sehr eng zusammengewachsen.

Ich glaube zwischen meinem Vater und mir gab es so ein unausgesprochenes Verständnis. Genetisch bedingt, würde ich sagen. Ich bin ziemlich emotional, denke ich, aber ich bin auch sehr rational. Ich werde nicht hysterisch und bin eher analytisch, gehe gern mit Zahlen um. Die Erwartungen von Papa habe ich wohl eher erfüllt, als die anderen beiden Kinder. Und Oskar war vielleicht nicht der, den er sich gewünscht hat. Ich war dann sozusagen die Erstgeborene. Wir sind spontan geboren worden, damals wussten sie nicht, dass es Zwillinge sind, und eigentlich hätte Carola wohl zuerst kommen müssen. Auf jeden Fall hat ihr Herz ausgesetzt. Mama meint, dass liegt daran, dass ich mich vorgedrängelt habe. Ich bin zuerst gekommen und sie ist eben später geboren. Es hat alles geklappt,

aber es wurde schon dramatisch, sie war auch ein bisschen schwächer. Carola wurde damals gestillt und ich hab im Nachhinein erfahren, dass Papa tatsächlich nachts manchmal aufgestanden ist und mir die Flasche gegeben hat. Es war klar, dass Mama Carola stillt und ich die Flasche krieg. Ich kann ja Mama deswegen nicht böse sein, aber vielleicht ist die Nähe zu Papa auch dadurch entstanden.
Ich weiß nicht, ob Stärke auch eine Art von Schutz ist. Meine Mutter hat mir mal gesagt, „um dich brauche ich mich nicht zu kümmern, du gehst sowieso deinen Weg. Du weißt, was du willst, und das schaffst du auch." Das war eine Botschaft, und natürlich auch ein Stück weit eine Erwartungshaltung. Ich glaube dadurch, dass Carola als Baby dieses Herzaussetzen hatte, war die Angst, die Besorgnis um sie, einfach größer.
Deshalb bin ich nicht tatsächlich die Bessere oder Stärkere, aber nach außen hin habe ich immer wie eine aufgezogene Uhr funktioniert. Ich hatte gute Noten, alles war in Ordnung. Carola hatte auch eine rebellische Phase und hat mal einen pampigen Freund gehabt, sie hat sich die Haare ganz kurz geschnitten, kam in Lederhose, so was gab es bei mir nicht.
Papa hatte ja in den letzten Jahren mit dem Herzen viele Probleme. Ich bin nicht so gut im Kümmern, Carola macht das besser. Ich habe kein schlechtes Gewissen deswegen. Ich überlasse ihr die Rolle gerne. Und ich denke, dass die beiden jetzt viel ausgeglichen haben.
Ich hätte mich gefreut, wenn ich Zwillinge bekommen hätte, das habe ich mir eigentlich immer gewünscht. Dieses Eineiige habe ich als Geschenk empfunden. Das war einfach etwas Besonderes. Ich glaube, ich hätte mehr versucht, auf die einzelnen Bedürfnisse einzugehen. Und vielleicht auch zu gucken, was ist das ganz ureigene meines Kindes, die Zwillinge nicht immer gemeinsam zu sehen.
Wobei Mama das versucht hat. Sie war immer sehr gerecht, aber jedem das Gleiche geben, heißt auch eine gewisse Neutralität zu wahren. Als ich siebzehn war, hab ich gemerkt, dass meine Mutter einen besseren Draht zu meiner Schwester hat. Carola wurden immer ihre Herzenswünsche erfüllt, während ich dann zum Nikolaus einen Schrubber für den Rücken bekommen hab, weil ich gern gebadet hab. Sie hat Ohrringe bekommen, oder einen schönen Tee, was Emotionales, was Warmes. Das beschreibt das ganz gut. Es ist auch mal eskaliert und es gab Krieg, ich war einfach traurig. Meine Mutter verstand das nicht. Carola hat dann gesagt: „Mama, ich muss Yvonne Recht geben, die letzten Jahre ist das wirklich so gewesen." Ich denke, man hat intuitiv unterschiedliche Gefühlsbindungen mit Kindern, das merke ich jetzt auch bei Max und Marie. Weil sie einem ähnlich sind, aus verschiedensten Gründen, die man nicht immer erklären kann. Und das ist auch der große Kraftakt für mich als Mutter, beiden das Gefühl zu geben, dass sie gleich geliebt werden. Max hat mich neulich gefragt: „Sag mal, wen hast du eigentlich lieber?" Da sagte ich: „Ich hab euch beide gleich lieb. Ihr seid unterschiedliche Menschen und ich liebe euch für eure unterschiedlichen Dinge, aber ihr seid beide meine Schätze."
Rulis Kinder, Lotta und Fine, stehen mir ähnlich nah, wie meine Kinder. Die vier verstehen sich auch ziemlich gut, wenn wir unterwegs sind, ist das wie eine eigene Familie.

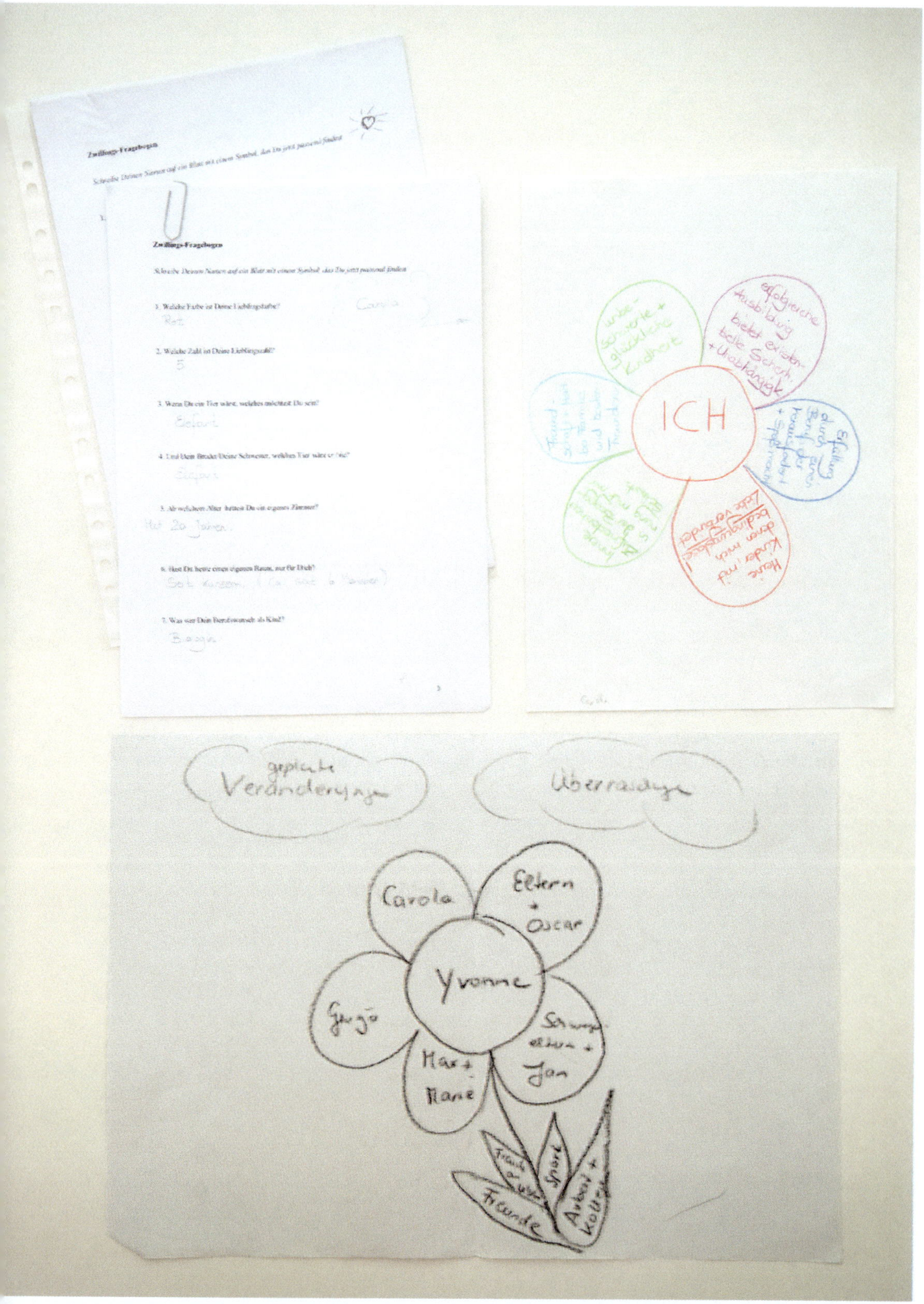

Zwillings-Fragebogen
Schreibe Deinen Namen auf ein Blatt mit einem Symbol, das Du jetzt passend findest
Carola
1. Welche Farbe ist Deine Lieblingsfarbe?
Rot
2. Welche Zahl ist Deine Lieblingszahl?
5
3. Wenn Du ein Tier wärst, welches möchtest Du sein?
4. Und Dein Bruder/Deine Schwester, welches Tier wäre er/sie?
5. Ab welchem Alter hattest Du ein eigenes Zimmer?
Mit 20 Jahren.
6. Hast Du heute einen eigenen Raum, nur für Dich?
7. Was war Dein Berufswunsch als Kind?
ICH
unbe-schwerte + glückliche Kindheit
erfolgreiche Ausbildung bietet existen-tielle Sicherh. + Unabhängigk.
Erfüllung durch einen Beruf, der herausfordert + Spaß macht
Meine Kinder, mit denen mich bedingungslose Liebe verbindet
Freund-schaft + Halt bei Familie und guten Freunden
geplante Veränderungen
Überraschungen
Carola
Eltern + Oscar
Yvonne
Schwieger-eltern + Jan
Freunde
Sport
Arbeit + Kollegen

PAUL UND KONRAD

geb. 1976 in Berlin

„WIR SIND SO UNTERSCHIEDLICH WIE TAG UND NACHT"

Bei einem Filmdreh vor zehn Jahren habe ich Konrad kennengelernt.
Er war damals ein junger begabter Kameramann, der gerade die Filmhochschule absolvierte. Auf einer Autofahrt zum Drehort erzählte er, dass er einen Zwillingsbruder hätte. Er sei der Erstgeborene. Sein Bruder hätte während der Geburt an einer Sauerstoffunterversorgung gelitten und sei seither behindert.
Als ich bei Paul anrief, war er freudig bereit, sich mit mir zu verabreden. Ich sollte ihn bei seiner Arbeitsstelle abholen und dann mit ihm in eine Hotellobby gehen, die rollstuhlgerecht sei. Am verabredeten Tag kam ich fünf Minuten zu spät.
Als ich beim Pförtner nach ihm fragte, sagte der, Paul sei nicht mehr im Haus. Wir hatten uns verpasst. Ratlos schlenderte ich auf dem Gehweg entlang und sah an der Ecke einen jungen Mann im Rollstuhl, der sich lebhaft mit jemandem unterhielt. Ich sprach ihn an, und tatsächlich war es Paul, der sofort sehr freundlich war. Ich folgte ihm dann zu seinem Lieblingshotel. Die Räder seines Rollstuhls betätigte er per Hand. „Das ist mein einziger Sport."
Am Fahrstuhl wurde er vom Empfangschef begrüßt, der ihm die Glastür aufhielt. Er ist hier ein vertrauter Gast.
Paul bestellte einen schwarzen Kaffee und lehnte mein Angebot ab, ihm vom Rollstuhl zum Sofa hinüberzuhelfen. „Da möchte ich unabhängig sein."
Ich begann ihm Fragen des Zwillingsfragebogens zu stellen. Zum Aufstellen seiner Familiensituation suchte er sich die Playmobilfiguren aus, die er als Kind sehr gemocht hatte. Beim Platzieren der Figuren war ich ihm behilflich. Er hatte eine genaue Vorstellung, wie sie stehen sollten, ich folgte seinen Anweisungen. Die Figuren für Paul und Konrad hatten die gleiche Größe, unterschiedliche Haarfarben und standen mit relativ großem Abstand jeweils nahe an einer anderen Figur. Pauls Figur war rechts von einer weiblichen Figur, die seine Mutter darstellte, und Konrads von einer Figur, die für den Vater stand, begleitet. Er bat mich, an seine linke Seite noch eine männliche Figur aufzustellen, für seinen Ziehvater, den „großen Paul".
Seinen Bruder Konrad, den ich seit Abschluss des Films nicht wieder gesehen

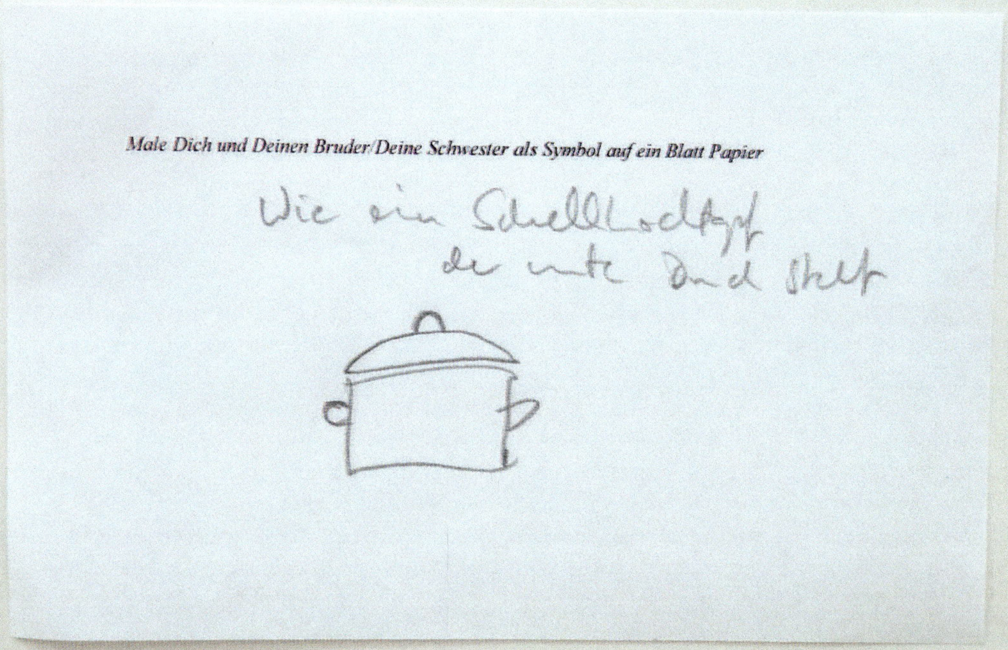
Male Dich und Deinen Bruder/Deine Schwester als Symbol auf ein Blatt Papier
Wie ein Schnellkochtopf
der unter Druck steht

habe, versuchte ich mehrmals telefonisch zu erreichen. Ich bat ihn per Email um einen Interviewtermin. Er hat sich nicht bei mir gemeldet.

PAUL

Ein Symbol, das mir heute gut tun würde? Das ist interessant. Da möchte ich dir eine ehrliche Antwort geben. Und zwar, was mir heute gut tun würde, ist ein Gesicht mit einem Schnauzer.
Ich würde mal sagen 11 ist meine Lieblingszahl, weil ich, weil wir am 11.11.1976 geboren sind. Wir sind in Berlin geboren und sind dann dreimal umgezogen.

Ich bin auf die Christopherus Schule gegangen, das ist eine Waldorfschule für körperbehinderte Menschen. Heute bin ich Pförtner in einer wissenschaftlichen Bibliothek.
Mit zweiundzwanzig bin ich ausgezogen, in eine behindertengerechte Wohnung, das war vor zehn Jahren.
Ich glaube, meine Mutter kennt mich am besten. Mein Vater kennt meinen Bruder am besten, das ist mein erster Gedanke.
Die Frage, ob wir einen gemeinsamen Feind hatten, kann ich nicht beantworten, dann müsste ich für meinen Bruder antworten, das kann ich nicht.
Ich würde nicht sagen, dass ich einen besten Freund hatte. Es gibt meiner Meinung nach keinen besten Freund, weil man dann den anderen Freunden wehtun würde. Für mich sind alle Freunde gleich. Die habe ich alle gleichermaßen in meinem Herzen.
Als Pflanze fällt mir zu meinem Bruder ein Kaktus ein. Wir sind unterschiedlich wie Tag und Nacht, haben verschiedene Interessen und sind auch völlig unterschiedliche Charaktere. Mein Bruder kann sehr verletzend sein, leider, das finde ich sehr schade. Aber er hat auch eine sehr weiche Seite, und die sollte er mehr rauskehren als die verletzende, finde ich.
Ich wäre eine Sonnenblume.
Ich hätte Lust, meinen Bruder mal in Basel zu besuchen, aber das Problem ist, wenn wir länger als 24 Stunden zusammen sind, dann zanken wir uns. Wir sind beide wie ein Schnellkochtopf, der unter Druck steht. Weil wir so unterschiedlich sind, steht der Deckel unter Druck, und der platzt dann hoch.
Ich wünsche mir für ihn, dass er eine Arbeit findet, dass er die Chancen, die er hat, nutzt. Er hat viel mehr Möglichkeiten als ich, schon allein weil er nicht behindert ist, und ich würde mir wünschen, dass er die Vorteile erkennt, und ich finde, die sollte er nutzen, aber er tut es nicht. In beruflicher und privater Hinsicht. Er sagt zum Beispiel, ich führe ein besseres Leben als er und ich würde dann wiederum sagen, er führt ein besseres Leben als ich. Ich bekomme wegen meiner Körperbehinderung staatliche Zuwendung. Und er denkt, glaube ich, dadurch dass man vom Sozialamt Zuwendungen bekommt, führt man ein Luxusleben. Das ist nicht so. Er lebt von Hartz IV. Und er könnte arbeiten gehen. Er könnte zum Beispiel zum Fernsehen gehen, aber das lehnt er ab.
Wir haben einen gemeinsamen Freund. Der große Paul, das war unser Kindermann, der früher auf uns aufgepasst hat. Und der große Paul ist so etwas wie ein Vater für mich gewesen. Mein Bruder ist teilweise bei meinem Vater aufgewachsen und hatte schon immer eine sehr viel stärkere Bindung zu meinem Vater als ich. Als wir sieben waren, haben mein Bruder und ich

uns immer geschlagen, solange bis mal Blut geflossen ist. Und da war es dann besser, man bringt uns auseinander. Seit wir ausgezogen sind, hat sich das entspannt, Gott sei Dank. Wir haben davor mit unserer Mutter gelebt, unsere Eltern haben sich schon früh scheiden lassen, da waren wir zwei Jahre alt.
Als mein Vater erfahren hat, dass ich behindert bin, hat er sich aus dem Staub gemacht, das ist meine subjektive Wahrnehmung. Er ist lediglich der Erzeuger von uns, aber mein Vater hat sich dann aus allem rausgehalten. Das finde ich sehr schade. Ich habe ihn vor elf Jahren das letzte Mal gesehen. Er lebt in Italien, seiner Heimat. Konrad hat schon die ganze Zeit engeren Kontakt zu ihm als ich.
Wenn ich mal heiraten würde, würde ich mich von meinem Namen trennen und den Namen meiner Frau annehmen. Ich würde das aus einer Protesthaltung heraus tun. Weil der Herr C., mein Vater, gar nichts mit mir zu tun haben wollte, will ich mit dem Namen auch nichts mehr zu tun haben. Mein Vater ist Radiomoderator für Politik- und Ökologiesendungen, in einer schönen Stadt, da fließt ein kleiner Fluss, ich mag sie.
Mein Vater hat noch zweimal geheiratet, wurde einmal wieder geschieden. Mit der letzten Frau ist er noch zusammen und hat mit ihr zwei weitere Kinder bekommen, unsere Halbschwestern. Wir telefonieren höchstens einmal im Jahr, wenn wir Geburtstag haben. Da ruft er an. Komisch ist das. Ich habe eine viel stärkere Bindung zu meiner Mutter und zu dem großen Paul. Ich würde den großen Paul eher als meinen Vater bezeichnen als meinen leiblichen Vater. Den großen Paul haben wir vor ein paar Wochen getroffen. Ab und an treffen wir uns, und das ist immer etwas ganz Besonderes für mich. Er ist ungefähr zehn Jahre jünger als mein Vater.
Ich würde sagen, ich hatte keine Ängste als Kind, und wenn ich welche hatte, hat der große Paul diese Ängste immer ganz schnell aus dem Weg geräumt. Der große Paul war und ist Balsam für meine Seele, und er hat auch immer, wenn es da etwas gab, auf meiner Seele erfolgreich Staub gewischt. Als Kind waren wir beide ihm sehr nah. Aber jetzt hat Konrad mal gesagt, dass ich dem großen Paul näher stand als er. Von 1986 bis 1988 haben wir, der große Paul, meine Mutter, mein Bruder und ich zusammengewohnt, als WG, als Mutter-Kinder-Vater-Figuren, als Familie. Dann hat meine Mutter einen anderen Mann kennen gelernt, den Ansgar, und der wollte bei uns wohnen. Das Ende vom Lied war, dass sich meine Mutter und der große Paul, die waren nie ein Paar, aber als WG, voneinander getrennt haben. Das war die schwerste Krise für mich. Ich konnte damit ganz schwer umgehen und ich habe auch sehr stark protestiert. Da war ich zwölf. Mit der Beziehung zu dem Ansgar hat sich meine Mutter, glaube ich, ins Unglück gestürzt. Zu dem besteht bis heute noch eine Art Hassliebe. Sie sind jetzt kein Paar mehr, aber sie kommen nicht voneinander los. Ich glaube, meine Mutter liebt den Ansgar heute noch sehr tief.
Ich habe ein Stofftier, einen Schwan, der ist einen halben Meter groß. Den hab ich mir im Alsterhaus gekauft. Weil die Schwäne auf der Alster schwimmen und weil ich mal ein Praktikum bei einer Krankenkasse gemacht habe; da gab es einen Innenhof mit einem großen Teich, wo man seine Pause machen konnte. Und auf dem Teich schwammen schwarze Schwäne. Das fand

ich immer ganz toll. Jetzt hab ich einen weißen. Meine Mutter nenne ich „mein Schwan“. Das findet sie, glaube ich, schön, das schmeichelt ihr.

Etwas, was ich nie wieder machen würde: Mein Bruder und ich haben uns mal so gekloppt, dass er ins Krankenhaus musste und die Wunde genäht wurde. Da hat mich der große Paul auch hart rangenommen und gesagt: „Das finde ich aber nicht gut.“ Aber ich bin glücklich, dass das hinter uns liegt und dass es glimpflich ausgegangen ist. Den Grund weiß ich nicht mehr, das ist schon ganz lange her. Ich würde sagen, damals war ich teilweise der Stärkere. Heute ist mein Bruder vielleicht stärker.
Mein Hobby war die Anästhesie, Narkose. Ich habe immer Anästhesist gespielt, weil ich schon sechsmal operiert worden bin. Fast immer wegen der Beine. Das erste Mal war ich zwei, 1978. Ich hatte immer einen Arztkoffer und ich hatte dann auch später, mit zwölf, Infusionsbeutel und Laken und Medizinfläschchen. Einen Kittel hat mir meine Oma genäht. Ich musste immer meine Mutter narkotisieren. Mein Bruder war dankenswerterweise immer der Chirurg. Ich war der Anästhesist und er war der Chirurg. Das hat ihm Freude gemacht. Diesen Berufswunsch habe ich heute noch, mein Traumberuf ist Narkosearzt.
Ich hab mich mal in die Schwester meines Patenonkels verliebt, und mein Bruder auch. Ich glaube, die Susanne, so heißt sie, hat gewisse Rivalitäten gemerkt und hat dann irgendwann mal gesagt, ich mag euch beide gleichermaßen.
Eine weitere wichtige Person in meinem Leben ist meine Patentante, und der große Paul ist immer noch ganz eng da. Meine Patentante war meine Krankengymnastin seit ich ein kleines Baby war, bis fünfzehn. Als wir getauft worden sind, kurz vor der Konfirmation, wurde sie meine Patentante.
Meine Mutter hat wichtige Entscheidungen für mich getroffen, das tut sie heute noch. Es gibt manche Situationen, da würde ich gerne die eine oder andere Entscheidung alleine treffen wollen. Zum Beispiel, wo ich wohne. Wir haben einen Kompromiss vereinbart, meine Mutter und ich, dass ich in einer Behindertenwohnanlage lebe, aber das ist nicht hundertprozentig das, was ich wirklich will. Ich würde gerne in einer behindertengerechten Wohnung wohnen, aber da hat meine Mutter Bedenken. Eine gewisse Betreuung brauche ich schon, aber ich würde gerne wieder alleine wohnen, wo mein Pflegedienst mich besucht.
Ich glaube an Gott, schon immer. Einen Lebenssinn habe ich noch nicht gefunden, aber danach suche ich gerade.
An vielen Orten fühle ich mich aufgehoben. Hier, die Hotelhalle vom Basler Hof, ist mein Lieblingsort, oder im Steigenberger Hotel neben der Fleetinsel und der Klinik, oder im allgemeinen Krankenhaus Altona, oder im Altonaer Kinderkrankenhaus, weil dort fast alle meine Operationen durchgeführt worden sind, oder am UKE, weil ich dann so tun kann, als wäre ich ein Medizinstudent. Am liebsten wäre ich Kinderanästhesist.

Es beglückt mich die Erinnerung an den Anästhesisten, der mich bei der letzten Operation anästhesiert hat, es beglückt mich die Erinnerung an Dr. H., es beglückt mich die Erinnerung an meine erste eigene Wohnung.

Ich würde gerne in meine Wohnung zurückkehren, den alten Zustand wiederherstellen. Dann würde ich gerne das Verhältnis zu meiner Mutter wiederherstellen, wie es vor zehn Jahren war, das war sehr harmonisch und weich. Jetzt würde ich es wie auf See bezeichnen, mal weich, mal etwas rauer, mal ein Sturm und mal ein Orkan. Meine Mutter steht jetzt etwas mehr abseits als früher, und das will sie auch. Sie will, dass ich mein Leben, so wie es ist, akzeptiere, und sie will sich jetzt auch auf ihr Leben konzentrieren und weniger auf meins.

Die Chance ein Zwilling zu sein, besteht darin, immerzu einen Bruder zu haben, auch wenn der so ein komischer Kauz ist wie Konrad und ich mich auf ihn als Bruder nicht hundertprozentig verlassen kann. Ich finde, auf mich kann er sich hundertprozentig verlassen.

ZWILLINGE IN DER MYTHOLOGIE UND LITERATUR

In vielen Mythen, Geschichten und Romanen sind Zwillinge die Hauptpersonen, um die sich oft dramatische Geschehnisse ranken. Der griechische Göttervater Zeus ist gleich mehrfacher Vater von Zwillingen, die ihm manch schöne Frau gebar, der er sich in verwandelter Form genähert hatte. Sein Sohn Apoll, Gott der Künste, ist der Zwillingsbruder von Artemis, der Göttin der Jagd. Mit Leda zeugte er (im Schwanengewand) Kastor und Polydeukes, himmlische Zwillinge, die aus dem Ei geschlüpft sind, mit Europa in Stiergestalt die Zwillinge Minos und Rhadamanthys. Alle von Zeus gezeugten Zwillinge sind durch Ehebruch entstanden. Zeus' Bruder Poseidon, Gott der Meere und Gewässer, wird ebenso als Verführer und Vater diverser Zwillingskinder bezeichnet. Zur Entstehung der Stadt Rom gibt es folgenden Mythos: Rea Silva gebar dem Kriegsgott Mars die Zwillinge Romulus und Remus. Beide wurden auf Befehl des Onkels der Mutter am Tiber ausgesetzt, wo sie aber nicht ertranken. Die Wanne, in der die Kinder lagen, blieb an einem Feigenbaum hängen. Eine Wölfin trug sie in ihre Höhle und säugte sie. Die Schweinehirten des Königs entdeckten die Kinder und zogen sie auf. Als junge Erwachsene rächten sie sich an ihrem Großonkel, töteten ihn und setzten ihren Großvater wieder auf den Thron. Zum Dank dafür durften sie an der Stelle, an der sie ausgesetzt worden waren, eine Stadt gründen. Sie kämpften um das Recht der Namensgebung der Stadt.
Romulus siegte und als Remus die Stadtmauer übersprang, und die Grenze nicht achtete, erschlug Romulus seinen Bruder.
Es gibt eine Version des Mythos' von Narziss, in der er sich vor Trauer über den Tod seiner Zwillingsschwester über das Wasser beugt, um ihrem Angesicht wieder zu begegnen. Bei dem Versuch, sich mit seinem Spiegelbild, der vermeintlichen Zwillingsschwester, zu vereinigen, ertrinkt er.

Der Roman „Das große Heft" von Agota Kristof handelt von einem männlichen Zwillingspaar, das in Ungarn lebt. Die Kinder werden von ihrer Mutter während der Kriegswirren des zweiten Weltkriegs zur

Großmutter gebracht, die ihre Enkel mit eiserner Hand für sich dienen lässt. Die Jungen legen ein Heft an, in dem sie alle Übungen beschreiben, die sie beide machen, um sich abzuhärten, seelisch wie körperlich. Sie setzen sich extremer Kälte aus, beschimpfen, schlagen und verletzen sich, lernen zu betteln und zu töten und entledigen sich somit Schritt für Schritt sämtlicher Abhängigkeiten durch Gefühl oder Mitgefühl. Einzig miteinander sind sie solidarisch, sie verhalten sich als absolute Einheit. Am Schluss des Buches wollen sie bei einer nächtlichen Flucht die ungarische Grenze überwinden. Es schafft jedoch nur einer, auf österreichischem Boden anzukommen. Das Verlassen des Zwillingsbruders ist die endgültige Abtrennung jeglicher emotionaler Bindung.

Von den biblischen Zwillingssöhnen der Eltern Isaak und Rebekka heißt es, schon im Mutterschoße kämpfte Esau mit Jakob. Esau, der Jäger, ist der Erstgeborene, Liebling des Vaters, Jakob als zarter und häuslicher Junge von der Mutter bevorzugt. Letztlich verkörpert ihr Konflikt zwei Gesellschaftsformen, das Nomadentum und die Sesshaftigkeit.
Auf seinem Sterbebett will der erblindete Isaak seinen Ältesten segnen. Da schickt Rebekka Jakob mit einer List, den Vater zu täuschen in sein Zelt. Als Esau, von der Jagd heimgekehrt, von dem Betrug erfährt und sich rächen will, flieht Jakob. Im 1. Buch Mose wird von einer späteren Versöhnung der Zwillingsbrüder berichtet.

„Das doppelte Lottchen" von Erich Kästner ist wohl das bekannteste Kinderbuch, das von Zwillingen handelt. Die beiden getrennt aufgewachsenen Mädchen Lotte und Luise, die nichts voneinander wissen, lernen sich mit zehn Jahren kennen. Sie schaffen es auf Umwegen durch einen Rollentausch, die geschiedenen Eltern wieder zu vereinigen. Seit Erscheinen des Buches 1949 rührt diese Geschichte, die mehrfach verfilmt wurde, Millionen. Die „natürliche Ordnung" scheint erst wiederhergestellt zu sein, wenn Zwillinge zusammen aufwachsen und leben können.

CHRISTINA UND MALTE

geboren 1971 in Hamburg

„ES IST KLAR, DASS WIR IMMER ZUSAMMENHALTEN"

Bei ihrer Geburt wollten beide gleichzeitig das Licht der Welt erblicken, „dann habe ich Malte vorgelassen und er hat mir den Weg geebnet," sagt Christina lachend.
Bei unserem Treffen lässt er ihr an der Tür den Vortritt.
Sie sehen sich um, Christina zieht die Schuhe aus und setzt sich auf den Teppich, Malte nimmt in einem der beiden Sessel Platz. Christina wechselt spontan auf den anderen Sessel, der neben seinem steht. Beide sind groß, schlank und dunkelhaarig. Christina redet schnell und trifft klare Aussagen, während Malte seine Worte eher bedächtig wählt und häufig überlegt. Einmal die Woche kommt er zu seiner alleinerziehenden Schwester in die Wohnung, weil ihr Sohn in der Pubertät eine männliche Bezugsperson braucht. Auch der Kinderpsychologe hat Christinas Zwillingsbruder vorgeschlagen. Er ist der Patenonkel von Felix, bei dessen Geburt er auch dabei war. Für Christina und Malte war es selbstverständlich, dass sie ihn anrief, als die Wehen einsetzten. Während Christinas Ehemann Frank bei ihrem Kopf stand, sah Malte, wie Felix auf die Welt kam: „Ich bin ja aus dem Berufsfeld."
„Ich habe Papas Hände" sagt sie. „Du auch, ich dachte immer, ich hätte Papas Hände?" fragt Malte. Sie vergleichen ihre Hände und stellen zum ersten Mal fest, dass beide die Form der Fingerknöchel ihres Vaters geerbt haben. „Wir haben beide Sommersprossen auf den Armen, aber nur da," sagt Christina, dann lacht sie „oder gibt es Stellen bei dir, die ich nicht kenne?"
In der Kinderkarre durfte sie vorne sitzen, bis er sie an den Haaren zog und sie die Plätze tauschten. Davor lagen sie gemeinsam in einem breiten Kinderwagen ohne Trennwand.
Christina sagt, sie erinnere sich an alles genau. Als Kind wollte sie schon Erzieherin werden, heute leitet sie eine Kindertagesstätte. Sie sagt, Malte wollte immer Polizist oder Kommissar werden, während er sich erinnert, sein Berufswunsch sei Förster oder Tierpfleger gewesen. Heute ist er stellvertretender Pflegedienstleiter der Station eines Krankenhauses.
Er mag Elefanten, weil sie so ruhig und klug sind, immer sicher eine Wasserstelle

in der Dürre finden. „Ich liebe das Sozialverhalten in den Elefantenherden, diese Töne, die man nicht hören kann. Sie sind ja auch kommunikativ innerhalb der Gruppe und natürlich unendlich stark, groß und intelligent. Und wenn die Mütter ihre Kinder verlieren, dann trauern sie."
Beide denken bei einer gemeinsamen Reise an mehrere Monate, vielleicht sogar ein Jahr.

Als Symbol für sie beide malt Christina rote Herzen nebeneinander inmitten von bewegten blauen Wellen.

Bei Malte stehen für ihre Beziehung zwei Ringe, die sich überschneiden. „Wir hatten neulich ein Gespräch, was ist, wenn Mama und Papa mal nicht mehr sind, und es ist klar, dass wir immer zusammenhalten."

„NACH AUSSEN WAREN WIR EIN HERZ UND EINE SEELE"

MALTE

Auf einem Foto ist unsere Familie bei unserer Einschulung zu sehen. Mein Vater war in unserem jetzigen Alter. Meine Eltern leben getrennt, sind aber noch verheiratet. Die haben wieder ein ganz gutes Verhältnis, sehen sich auch einmal die Woche. Mein Vater steht beschützend hinter uns, meine Mama auch. Ich hab meine Eltern als Hilfe, als angenehme Eltern empfunden. Ich hatte eine schöne Kindheit. Die Beziehung zu meinem Vater kann ich nicht als kalt bezeichnen, aber die Werte, die Männer vermittelt kriegen von ihren Vätern, das ist ja dieses, ein Indianer kennt keinen Schmerz, du musst Ellenbogen haben. Das sind eher die Eigenschaften, die in der Gesellschaft unabdingbar sind, wenn man beruflich weiterkommen will. Aber die haben alle mehr etwas mit Kälte zu tun, als mit Wärme. Ich hatte ein gutes Verhältnis zu meiner Mutter in dieser Kindheitsphase und mein Vater eher zu meiner Schwester.
Meine Schwester wirkt recht unsicher, ich habe zwar einen festen Blick, weiß aber auch nicht, was mich erwartet. Mein Vater hat ordentlich Druck in der Schulzeit ausgeübt, leistungsorientiert, aus seinen Kindern sollte was werden.
Ich bin nicht so nah an meinen Eltern. Ich hab ein gutes Verhältnis zu beiden, sehr gut. Im August flieg ich ja auch mit meinem Vater nach Amerika, drei Wochen. Ich hab gesagt, „Papa, das machen wir jetzt!"

In der Dunkelheit fühle ich mich wohl.
Ich hab mich als Kind ganz oft im Gebüsch versteckt, wenn es schon dunkel war. Gleich gegenüber von unserem Haus war ein Knick. Ich fand es immer ganz toll, dass ich in der Position der Tarnung war. Manchmal hab ich bei uns auf dem Grundstück einfach nur gelegen und die Natur oder die Luft genossen. Und dann hat die Nachbarin den Hund rausgelassen, der hat das gewittert und kam sofort zu mir. Sie konnte mich ja nicht sehen, das war eine brenzlige Situation. Aber ich hab das genossen.

Es war mir wichtig, dass ich Grenzerfahrungen mache, um meine Angst zu überwinden. Ich habe zum Beispiel als Kind einen Traum gehabt, der immer wieder kam, das ist die Angst vom Zehnmeterturm zu springen. Ich weiß nicht, woher diese Angst kommt, keine Ahnung. Einmal bin ich im Traum da runtergestürzt. Und dann bin ich mit einem Freund zum Grand Slam nach München gefahren. Ich habe im Auto geschlafen, er auf einer Parkbank und dann wollten wir uns duschen und da war diese Olympiahalle. Da sind wir rein und geschwommen, und da war dieser Zehnmeterturm und ich hab gedacht, so, jetzt bin ich fällig. War eigentlich gesperrt oben. Ich bin dann trotzdem hoch und die siebeneinhalb Meter sind schon wie 20 Meter, wenn man oben ist, und die 10 Meter ... ich hab mir gesagt, so jetzt kannst du nicht mehr zurück. Für mich war egal, was jetzt für Empfindungen, für Ängste hochkommen, ich werde da runterspringen. Seitdem habe ich diese Träume nicht mehr.

Aufgrund meiner Arbeit habe ich viel mit Tod zu tun, habe viele Patienten betreut, die dann gestorben sind. Am nächsten Tag waren die nicht mehr da. Andere habe ich dann noch zurechtgemacht. Das heißt, der Tod ist für mich allgegenwärtig, und ich musste für mich damit umgehen. Ich hab mich damit beschäftigt und habe für mich gedacht: Angenommen, mein Leben ist jetzt vorbei, was würdest du sagen, ach, das wollte ich unbedingt noch machen? Da hab ich so ein paar Sachen abgehakt für mich. Und so hab ich es auch als Kind erlebt, als ich mein erstes Fernglas bekommen habe, das erste Mal einen Planeten sehen oder die Saturnringe, ich bin völlig Amok gelaufen. Da war ich ein Einzelgänger, das war meine ganz eigene Welt.

Die klassischen Streitereien mit meiner Schwester hatten wir fast jeden Tag. Das ging damit los, dass ich sie gepiesackt hab, sie hat dann auf mich eingedroschen, dann hab ich gesagt, jetzt bin ich dran, da kriegte sie 2-3 Schläge und sie hat geschrien. Dann kam Mama, das war eigentlich Standard. Also, meine Schwester hatte wenig Positives von mir. Ich hatte Langeweile, und was macht man, wenn man Langeweile hat? Man geht zu seiner Schwester und guckt, was geht. Und wenn sie ihren eigenen Willen hat, dann wird Stunk gemacht. Das Schlimme ist, ich erlebe das jetzt mit ihrem Sohn Felix und sage zu ihr: „Christina, ich war genauso."
Sie war auch nicht ganz unschuldig. Ich weiß noch, sie hatte so ein Puppenhaus. Ich fragte, ob sie mit mir spielt, und sie sagte, „Aber nur, wenn du aufbaust." Und ich hab die Tiere, Autos, Cowboys, Indianer eine halbe Stunde lang aufgebaut, und als ich fertig war, kam: „So, jetzt habe ich keine Lust mehr, geh bitte raus." Sie wusste ja, immer, wenn sie kreischt, dann kommt Mama. „Wenn du jetzt nicht raus gehst, heul ich." Sie konnte auf Kommando heulen und ich dachte, wow, das sind ja echte Tränen, ich hab nichts gemacht. Ich hab mir ganz oft vorgenommen mit meiner Schwester nicht mehr zu reden, wenn wir uns gezofft hatten, ganz fest, das war mein innigster Wunsch. Die lasse ich links liegen. Das hat nie lange geklappt.
Wir haben sonst viel zusammen gemacht. Nach außen waren wir ein Herz und eine Seele, wir haben uns die Namen Susi und Peter gegeben und zusammen Detektiv

gespielt. So einheitlich sind wir auch aufgetreten, das konnte man schon sehen, dass es uns nur im Zweierpack gab.
Meine Schwester war ja die erste, die die Familie verlassen hat, also nach Mama. Mit ihrem ersten oder zweiten Freund ist sie zusammengezogen. Als Kind habe ich ihre Freundinnen ausgespannt, dass die nachher lieber mit mir gespielt haben als mit ihr. Ich hab mich verbündet und immer so ein bisschen auf meiner Schwester rumgehackt. Das war eine meiner leichtesten Übungen. In der Pubertät hab ich gemerkt, wenn Jungs was mit mir zu tun haben wollten, dann um mich über meine Schwester auszuhorchen.
Ich war sehr spät mit Frauen, da war meine Schwester früher. Ich hab ihr zwar öfter mal Ratschläge gegeben und hab mir die Jungs auch angeguckt, aber da konnte ich nicht mithalten, ich war noch nicht soweit. Austausch hatten wir auch, wenn es um Sex ging. Wir reden auch jetzt offen darüber. Über alles haben wir schon gesprochen. Dinge, die wir mit unseren Eltern nie ansprechen würden.
Ich habe ihre Freunde immer akzeptiert. Kritisch, die sollten den Eindruck haben, sie müssten mir gefallen. Ich weiß noch, der erste Typ, den meine Schwester hatte: Er war ihr allererster Freund, und bevor die beiden sich geküsst haben, hat meine Schwester eine halbe Stunde nur von mir erzählt. Irgendwann hat er sie dann geküsst und sagte: "Ich dachte, es kommt nie dazu, du redest ja nur von deinem Bruder."
In der Phase hat sie schon von mir geschwärmt. Ich hätte sie beeinflussen können, andererseits, sie sucht den Mann aus, es sind ihre Gefühle.
Die Trennung unserer Eltern ist auf Mamas Schultern gewachsen, sie hat sich ja getrennt. Sie hat das sehr spät gemacht, wir waren sechzehn Jahre alt, damit es kein Verlust mehr für uns ist, emotional. Wir hatten immer so einen Familienrat, wo wir zusammen große Sachen besprochen haben, und dann hat sie gesagt, „Ihr habt schon gemerkt, das passt nicht mehr."
Ich habe niemanden verloren. Ich habe die Gemeinsamkeit weiter gehabt, sei es sonntags zum Kaffee oder sei es Weihnachten. Jahrelang haben wir noch zusammen gefeiert.
Das zeichnet unsere Familie aus. Egal, was wir innerlich für Strukturen haben, wenn es drauf ankommt, kann man punktgenau alle organisieren und man kann sich auf jeden einzelnen verlassen. Mama, Papa, Schwester, Tag und Nacht.

Ich war eine Zeit lang sehr schlecht in der Schule, da war die Frage vom Gymnasium auf die Realschule zu wechseln, das ist meiner Schwester so ergangen. Ich meine, es war auch gut für sie. Ich wollte partout in meiner Klasse bleiben. Dann habe ich irgendwann von meinen Eltern das Signal bekommen, wir haben es akzeptiert, wir versuchen das Beste aus der Schule zu machen, du musst nicht runter. Das war eine Erleichterung für mich. Ich habe dann kein Abitur gemacht. Christina und ich waren schon schlecht in der Schule. Und wir wollten um Gottes Willen nicht in einer Klasse sein.

Ich habe mir immer einen Bruder gewünscht, der älter und stärker ist. Ein paar Mal hat mich ein Junge, der größer war, verkloppen wollen. Und ich hab mich hingestellt und gesagt, „Kannst du ja machen, dann kriegst du ein Problem. Ich hole meinen großen Bruder und dann gibt

es Dresche." Er hat mich dann nicht angefasst, aber irgendwann später kam er zu mir: „Du hast ja nur eine Schwester, du hast ja gar keinen Bruder." Ich so, „Ja, wart mal ab du!" Ich bin dabei geblieben.
Gewurmt hat mich, dass ich kleiner war als meine Schwester, ich war auch körperlich schwächer. Ich litt unter der Tatsache, dass meine Schwester mir immer weggelaufen ist, weil sie längere Beine hatte. Meine Schwester ist ja auch supersportlich und mein Vater auch, der war in der Jugend Landesmeister in Leichtathletik. Wenn wir Wettlauf gemacht haben, war ich der Letzte. Das ist schon heftig gewesen. Bis ich dann körperlich endlich mal zulegte und meine Schwester überholt habe und dann auch meinen Vater. Christina und ich haben Tennis zusammen gespielt. Mit unseren Eltern hatten wir ein Riesen-Ritual, das war ganz wichtig, es war wirklich das Schönste überhaupt: Immer am ersten oder zweiten Weihnachtstag haben wir Doppel oder Mix gespielt.

Was ich noch nicht habe und was ich nicht kenne, ist eine eigene Familie zu gründen. Nicht zu nur gründen, sondern auch zu halten, ich denke mal, das ist eigentlich die größte Herausforderung für mich. So langsam merke ich, ich bin auch so weit.
Einstein sagt, es ist alles relativ, und das stimmt. Selbst die Zeit ist relativ.
Ich habe Probleme auf fremde Menschen zuzugehen. Gerade wenn ich in der Pflicht bin. Ich bin seit 17 Jahren auf der Station. In der neuen Position als Pflegedienstleiter hatte ich nach 3 Monaten keinen Bock mehr auf den Job. Ich hatte mich auch eingeigelt. Aber ich habe zu mir gesagt, „Schluss, das ist kontraproduktiv. Veränderungen tun weh, du musst dich darauf einlassen. Zwei Tage machst du es noch so, ab Montag fängst du an." Und so war es dann auch. Ich hab meine eigene Hemmschwelle überwunden. Ich geh auf die Station, wo ich den Eindruck hab, da mögen sie mich gar nicht, mit einem Lächeln, dann krieg ich einen Kaffee, höre mir die Sorgen an, es passt.

Meine Partnerin müsste mit mir Sport machen. Inline fahren oder laufen wollen. Sie muss selbstbewusst sein; mit jemand, der sich so zurückzieht, damit kann ich nichts anfangen, das geht gar nicht. Sie muss auf jeden Fall ihren eigenen Weg gehen. Ich will auch im Idealfall stolz auf irgendwas sein, was sie schafft oder macht oder darstellt. So wie meine Schwester. Sie hat einen Gottesdienst gehalten. Das finde ich absolut klasse an ihr, sie kann vor vierzig oder fünfzig Leuten reden, das macht ihr Freude. Ich muss das in meinem Beruf auch manchmal machen, das ist ein Alptraum. Es ist gar nicht meine Stärke, und meine Schwester, die liebt das, sie saugt das richtig auf. Sie spielt dann auch, macht Pausen. Eine Pause ist für mich eine Katastrophe.
Und ich bewundere den Alltag, den sie meistert. Das ist ja gigantisch. Ich könnte das nicht. Sie ist mit ihren Aufgaben gewachsen. Ich liebe ihren Sohn Felix und auch ihre Tochter Finja über alles, aber manchmal sag ich auch, jetzt ist mal Schluss. Für mein Verständnis müsste sie dieses Abgrenzen viel häufiger machen.
Felix hasst mich, das sagt der ganz klar. Und er hat höllischen Respekt vor mir. Ich hab ihn einmal mit nach Hause genommen, er hatte eine Sache gemacht, die gar nicht ging, und ich habe gesagt, ich komme. Dann fange ich an in Aktion zu treten.

Das hat nichts mit ihm zu tun, nur mit seinem Fehlverhalten. Das sage ich ihm in ruhigem Ton. Ich sehe ihn als Jungen, der Hilfe braucht, ich kann aushalten, dass er sagt: „Scheiß Onkel". Dass ich ihn mitgenommen habe, war ein einschneidendes Erlebnis für ihn. Und dann war die Sache auch gegessen. Ohne Druck. Ich bin konsequent. Das mache ich für meine Schwester. Das ist der einzige und alleinige Grund: weil sie Hilfe braucht mit ihm. Und während ich das mache, ist es in Ordnung für mich, ich mache das gerne. Im Moment ist alles gut so, wie es ist.

„BEI IHM KANN ICH MICH SO ZEIGEN, WIE ICH BIN"

CHRISTINA

Ich weiß noch wie blöd ich mich beim Fasching gefühlt habe, dass Malte so einen kompletten Indianeranzug bekommen hat, und ich hatte eine weiße Hose und meine Mutter hat dann Fische draufgeklebt. Ich fand es einfach blöd, Matrose, und das als Mädchen. Prinzessin war mein Wunsch.
Dafür war ich aber bei solchen Anlässen wie Einschulung selbstbewusster. Beim Kindergarten wollte Malte gleich wieder mit nach Hause, und ich hab gesagt: „Guck mal, wie toll das alles ist!" Also, ich hab ihn dann immer so ein bisschen mitgezogen. Nach der Einschulung war es so, dass wir beide gleich drei oder vier Wochen krank waren, ich glaube wir hatten Windpocken, alle Kinder kannten sich schon und wir sind dann später gekommen. Aber wir haben dann dadurch bestochen, dass wir beide sehr schnell laufen können. Es gibt ein Bild, wo Malte und ich ganz dicht nebeneinander drauf sind, da waren wir sechs, und da sieht man den Größenunterschied zwischen uns beiden, das war wahrscheinlich ein halber Kopf. Alle haben immer gedacht, ich bin die große Schwester. Wir waren später eine Phase lang gleich groß, und dann ist Malte hochgeschossen, so mit fünfzehn, sechzehn. Für ihn war das bestimmt nicht unwichtig.
Meine Familie, und damit meine ich jetzt weniger meine Familie mit Kindern, sondern meine Eltern und meinen Bruder, die sind ein zentraler Punkt. Dann natürlich meine Kinder, die Musik, die mich seit meinem fünften Lebensjahr begleitet, und die innere Ruhe. Das ist aber eher so ein Wunsch. Dadurch, dass ich so früh Kinder bekommen habe und nie Zeit hatte, ist Kaffeetrinken für mich Luxus. Das ist etwas, was mir wichtig ist, Lachen auch, mache ich im Moment wenig. Tanzen, weil man sich der Musik hingibt und einfach sein kann, wie man ist. Und Liebe und Geborgenheit, das ist eine Sehnsucht in mir, die bekomme ich halt besonders in meiner Familie, die bekomme ich auch in einer Beziehung, aber es gab viele Phasen, wo mir das gefehlt hat.

Malte und mich, das empfinde ich schon als eine Einheit, etwas, was im Grunde genommen für mich nicht zu zerbrechen ist, da kann kommen, was will.
Ich finde es ganz schwierig mit Freundschaften. Ich sag auch nie beste Freundin,

weil ich das falsch finde. Freundschaften können kaputtgehen, auseinanderbrechen, das habe ich erlebt, aber es gibt zwei Freundinnen, die mich so nehmen, wie ich bin, die nicht beleidigt sind, wenn ich nicht anrufe. Sie haben für alles Verständnis. Die eine ist lesbisch, sie ist diejenige, die immer kommt: "Wenn du keinen Babysitter hast, dann bin ich da" Die andere hat sogar drei Kinder.

Meine Tochter Finja vergöttert Männer, Malte ist für sie so wichtig und mein Vater auch, weil ihr eben der Vater fehlt. Bei Felix ist es ganz schwierig, weil er in dieser vorpubertären Phase ist. Im Moment sagt er immer, er hasst Malte, weil Malte ja auch als „Ich schieb dem Ganzen mal einen Riegel vor" auftaucht. Mein Vater ist momentan in der besseren Position, weil er mit ihm die schöneren Dinge macht.

Ich stelle gerade fest, was für eine enge Bindung ich zu meiner Mutter habe, und dass da eine gewisse Abhängigkeit entstanden ist über die ganzen Jahre. Deswegen bin ich auch in meiner Beziehung so, dass ich Abhängigkeit gar nicht abkann, immer eher sage, ich gehe. Als ich fünfzehn war, hat meine Mutter mich überall mit hingenommen, ins Theater und zu einer Freundin, das war auch ein Stück, weil sie mich gebraucht hat. Es ist immer noch so. Dadurch, dass ich die beiden Kinder habe, berufstätig bin und alleinerziehend, brauche ich meine Eltern, ich bin auf ihre Hilfe angewiesen. Ich kann diesen letzten Schritt der Abnabelung nicht gehen.

Meine Mutter hat uns nie verstanden. Sie sagt, „es gab Phasen, da wusste ich nie, ob ihr mich anlügt." Wir saßen ihr beide gegenüber und einer sagte, „Nein, Mama, das war so" und der andere, „Nein, Mama, das war so" – „Und ihr wart beide so überzeugend, ich wusste nie, wem ich glauben sollte." Malte hat gesagt, manchmal hatte er das Gefühl, sie ist auch eifersüchtig. Zum Beispiel, dass ich sie nicht zum Schwimmen beim Kindergeburtstag mitgenommen hab, sondern ihn. Meine Mutter hat oft diesen Satz gesagt, „Gegen euch komm ich nie an." Wenn sie sich eingemischt hat, um Streit zu schlichten, waren wir plötzlich beide wieder eine Einheit. Ich glaube, dass das wirklich schwierig ist, also ich beneide die Mütter von Zwillingen nicht. Wenn ich höre, wie sie uns großgezogen hat, sie hat uns nicht gestillt, diese Breiflaschen, wenn ich das höre. Ich habe immer am lautesten geschrien und natürlich immer als erste was bekommen. Und diese schlaflosen Nächte, sie war sofort wieder unter ihrem Gewicht, das sie vorher hatte. Sie ist auf dem Zahnfleisch gekrochen. Gut, aber sie war natürlich glücklich, weil sie davor zwei Fehlgeburten hatte, und der Arzt hat gesagt, das wird sowieso nichts. Und als sie gemerkt hat, dass sie schwanger ist, ist sie erstmal nicht zum Arzt gegangen. Meine Oma hat immer gesagt, „Du kriegst zwei, da ist nicht nur ein Kind drinnen, du siehst aus, als ob du einen Basketball verschluckt hast. Zwei Wochen vorher hat sie es dann erfahren, da haben sie sie geröntgt. Wir sind zehn Tage übertragen und spontan geboren, Malte 3050 und ich 3020 Gramm.

Die Entbindung wurde immer sehr dramatisch geschildert. Er kam raus und es war das große Entsetzen. Das war mit der Saugglocke und sein Kopf war so verformt, weil ich mit meinem Arm auf seiner Wange gelegen habe. Dann kam ich raus, ganz rosig, und alle haben gesagt „ahh" und „wie süß", und Malte so als

mickriges, verschrobenes Kind. Das erzählt er heute noch und es war auch die ganzen Jahre über so, dass er mich immer als schöner und besser aussehend empfunden hat. Ich hatte halt die hübscheren Ohren, er hatte abstehende. Es war bitter, als er in die Pubertät kam. Die abstehenden Ohren hat er sich mit fünfzehn anlegen lassen.
Ich würde sagen, ich war die ersten Jahre stärker als Malte, definitiv. Bedingt dadurch, dass er es nicht leicht hatte. Er hat zum Beispiel öfter erzählt, dass er das Gefühl hatte, er kriegt zu Weihnachten immer weniger Geschenke. Und ich war bei meinem Papa die Prinzessin, das weiß ich. Wenn es Ärger und Streit gab, dann hat Papa sich mehr auf meine Seite geschlagen und meine Mutter hat eigentlich eher den Ausgleich gesucht. Malte hat mit mir sehr viele Auseinandersetzungen gehabt, wir haben uns auch mal gekloppt, aber Hunde, die bellen, die beißen ja eigentlich nicht. Das war sicherlich ein Zeichen dafür, seht doch mal einfach genauer hin. Ich hab ja immer alles gesagt, was ich wollte. „Das gefällt mir nicht, das passt mir nicht", und Malte eher nicht. Ganz lange war er auch sehr zurückgezogen, so mit vierzehn, fünfzehn war die Phase, in der ich sehr wenig von ihm mitbekommen habe. Ich habe ihn als Eigenbrötler und Einzelgänger empfunden, was sich nachher geändert hat. Für mich war die Schlüsselzeit, als er zur Bundeswehr gegangen ist. Das war unheimlich positiv für seine Entwicklung und für sein Selbstbewusstsein. Jetzt lerne ich, dass ich eigentlich nicht die Selbstbewusste bin, ich bin auch nicht die Stärkere. Ich mach mir manchmal selber was vor, um mir nicht einzugestehen, dass ich im Grunde genommen schwach bin. Nach außen hin zeige ich mich anders. Es ist so ein Mechanismus, den man sich angewöhnt, auch im Job, da ist es fehl am Platz zu sagen, ich habe Schwächen.
Malte empfinde ich heute als stärker. Auch wenn es vielleicht gar nicht so scheint. Er ist viel klarer, viel überlegter. Ich finde ihn abgeklärt. Er benennt Dinge so, wie sie sind, und stellt sich dem. Und er geht Wege, die ich nie gehen würde. Er läuft immer Gefahr, dass er wahnsinnig verletzt wird, aber er stellt sich dem, beißt sich durch, und irgendwann ist es gut. Das mache ich nicht. Er hat sich eine Mauer aufgebaut, wo er nicht jeden ranlässt. Mich schon, das ist klar. Ich weiß natürlich nicht, welche Gespräche er mit seinen Freunden führt, aber ich denke, dass wir die intensivsten Gespräche hatten und dass ich schon weiß, was in ihm vorgeht. Und er auch andersrum. Wenn es mir schlecht geht, dann rufe ich ihn an und dann heule ich auch am Telefon. So hab ich ihn noch nicht erlebt. Aber ich kann mich so zeigen, wie ich bin. Und er sagt, „Schwesterchen, was ist denn los?"

Ich glaube, dass es auch für Außenstehende ganz schwierig ist, in so eine Zwillingsbeziehung reinzukommen. Es gab Freundinnen von Malte, die eifersüchtig auf mich waren, weil wir mit zwanzig beide auf dem Fußboden herumgetollt sind und herumgealbert haben, und die mich als Konkurrenz gesehen haben. Das darf man nicht, weil diese Bindung eben speziell ist. Ich glaube, wenn man im Mutterleib so eng miteinander groß wird, ist das wie miteinander verbunden sein, das kann man nicht einfach so zerstören. Ich habe auch das Beispiel von meinem Ex-Mann mit seinem Zwillingsbruder, da ist es auch so. Das ist eine Einheit, kein Mensch dieser Welt wird diese Einheit zerstören können. Und da muss eine Frau eben so tolerant sein, an der Seite dieses Zwillings, das zu akzeptieren. Ich hatte bei meinem Ex-Mann und seinem Zwillingsbruder damit keine Probleme. Die beiden haben eine wahnsinnige Ähnlichkeit. Am Telefon kann ich die Stimmen nicht unterscheiden.

Bei uns war es so, dass wir nie gleich behandelt wurden, weil wir eben Junge und Mädchen sind. Meine Eltern haben aber versucht, uns beiden gerecht zu werden.

Die Verbindung zu Malte habe ich immer schon als etwas Besonderes empfunden, ich hatte ja auch immer einen Spielpartner. Nie musste ich mich darum bemühen, jemand anderen zu finden, er war ja immer da.

Ich habe mich einsam gefühlt, als ich in die Pubertät kam. Ich glaube diese zwei, drei Jahre, da hab ich mich sehr zurückgezogen. Ich hab viel gelesen, das hat Malte genervt, er war nicht in der Phase und wollte mit mir spielen.

Ich glaube, dass Malte es früher so empfunden hat, dass ich bevorzugt wurde, weil mein Vater sich zu mir, ich will nicht sagen, mehr hingezogen gefühlt hat, aber er hat mich anders behandelt. In der Pubertät war es ganz extrem, da hab ich meinen Vater vergöttert. Seine braunen Augen, „mein Lumpi“ hab ich ihn genannt. Lumpi war für mich so ein Hund. Mit ihm hatte ich bestimmt zwei, drei Jahre eine ganz enge Phase, er hat mich auch gern überall mitgenommen und gezeigt. Und ich glaube, dass Malte das gespürt hat. Wir beide haben ja von meinem Vater die ganzen Jahre nicht die Anerkennung bekommen, die wir haben wollten, weil wir schulisch nicht gerade die Überflieger gewesen sind, dann, weil wir beide in einen sozialen Beruf gegangen sind. Das hat sich erst geändert, als ich in die leitende Position gegangen bin, und Malte auch. Meine Mutter hat immer alles unterstützt und mein Vater hat gesagt, ich müsste Architektur studieren.

Was ich bei Malte sehr bewundere, ist, dass er sich immer weitergebildet und weiterentwickelt hat. Sein ursprünglicher Beruf ist Krankenpfleger. Jetzt ist er Pflegedienstleitung, aber er sagt, ich bin Krankenpfleger. Und das finde ich toll. Er weiß, was er tut, und er muss nicht nach außen irgendetwas darstellen.

Meine Mutter würde über Malte sagen, er ist ihr zu psychologisch, damit kann sie nicht umgehen. Er hat in Gesprächen oft dieses leicht belehrende und diesen leicht psychologisierenden Touch, als ob du mit ihm ein Therapiegespräch führst.

Ich glaube, meine Mutter würde sagen, er ist der mehr in sich Gekehrte und ich bin die Extrovertierte. Sie sagt auch von mir, ich trage das Herz viel zu sehr auf der Zunge. „Du bist immer so naiv und wirst noch mal sehr enttäuscht werden.“ Ich kann das nicht abstellen, so bin ich eben. Entweder nehmen mich die Menschen so, wie ich bin, oder eben nicht und ich sehe nicht den Sinn darin, irgendetwas zu verbergen.

Ich glaube, mein Vater sieht mich immer noch als seine kleine Tochter, die er beschützen muss, und in Malte sieht er einen gestandenen jungen Mann, mit dem er Schwierigkeiten hat, sich auseinanderzusetzen, weil er merkt, dass Malte ihn überholt. Für Malte ist das wichtig, bei dem, was er mit seinem Vater erlebt hat. Wobei wir beide sicherlich eine der schönsten Kindheiten erlebt haben.

Wir können beide sehr kontrovers diskutieren, und das ist gut. Ich kann ihm dann auch sagen, was ich unmöglich finde, und er versucht mir dann zu sagen, „das ist so und so“ und „bleib mal bei dir und sprich mal von dir“, und dann sage ich immer, „Malte hör auf, dazu hab ich überhaupt gar keine Lust“. Ich kann wirklich gut mit ihm, ich kann es benennen, und ich muss ihn auch nicht überzeugen können, er mich auch nicht. Das ist in Ordnung.
Es ist ein beruhigendes Gefühl, dass da jemand ist, auf den du dich immer verlassen kannst. Und auf Malte kannst du dich immer verlassen. Wenn du zu Malte sagst, ich brauche deine Hilfe, kommst du bitte, dann ist er da. Er spürt sofort, wenn es wirklich brennt, und dann kommt er auch nicht mit, „ich kann jetzt nicht“, sondern er macht es möglich. Wenn er zu Besuch kommt, koche ich ihm was zu Essen, und es kann auch sein, dass wir nebeneinander auf dem Sofa sitzen und er sagt, „Ich möchte noch ein bisschen Fernsehen“, oder er schläft ein. Er kann überall an meinem Leben teilhaben.
Mein Ex-Mann war immer an meiner Seite. Ich war seine Traumfrau, er hätte alles für mich getan. Langweilig, das hört sich nach außen hin immer so gut an. Aber die Beziehung zu meinem Vater und meiner Mutter, die spiegeln sich ja in jeder Beziehung wieder. Prinzessin sein, das kann ich gut leben, aber nicht nur.
Und ich wünsch mir eine entspannte, zufriedene Beziehung. Eigentlich familienähnlich. Nach sechs Jahren habe ich wieder das Bedürfnis, mit einem Mann zusammenzuleben. Ich wünsche mir einfach eine nette Familie mit einem großen Zusammenhalt, so wie ich es auch kenne. Die Chance, wenn man Zwilling ist, ist zu wissen, man hat immer einen Ort, wo man hin kann. Diese Chance hat man sonst nirgendwo im Leben. Das ist das Besondere daran. Es ist wichtig, dass jeder seine eigene Persönlichkeit entwickelt, und man trotzdem immer weiß, es gibt einen Ort, wo man zueinander finden kann. Und dass man sich den auch bewahrt.
Das ist nicht Mutter und Vater und es ist nicht der Freund, sondern es ist dein Bruder oder deine Schwester, das ist ja auch das Schöne. Und, das Gefühl zu haben, du musst nicht viel erklären, sondern du wirst auch so verstanden.

Mein
erster
Schultag
1978

ELISABETH

geboren 1954 in Aachen

„ICH HABE MEINEN BRUDER WIEDERENTDECKT"

Vier Jahre nachdem ich bei meiner Gynäkologin erfahren hatte, dass ich mit Zwillingen schwanger war, erzählte sie mir im Gespräch nach einer Routineuntersuchung, dass sie selber auch ein Zwilling gewesen war. Bei meinem nächsten Arztbesuch in ihrer Praxis fragte ich sie, ob sie zu einem Interview bereit wäre.

Spontan willigte sie ein und ich machte mit ihrer Sprechstundenhilfe einen Termin aus. Als sie am Tag der Verabredung zur Tür hereinkam, war sie sprühend und lebhaft wie immer und begrüßte mich herzlich. Mit dieser positiven Energie hatte ich sie in ihrer Praxis kennen gelernt, ihre sorgfältigen Untersuchungen und detaillierten Ratschläge hatten mir immer Vertrauen eingeflößt. Sie setzte sich und es begann ein sehr konzentriertes, intensives Gespräch.

Einige Tage danach rief sie mich an, um sich dafür zu bedanken, und um mich um eine Kopie der Aufnahme zu bitten. Sie wollte an dem, was sie zusammengefasst hatte, ihre Familie und enge Freunde teilhaben lassen.

Ich bin als Frühchen geboren und ich habe es gehasst, auf Sand oder Steinen zu laufen, schon so lange ich denken kann. Ich mochte das nie. Ich bin nie barfuß. Ich weiß, dass ich mir als Kind schon Socken angezogen habe, oder Schuhe. Im Urlaub mit der Familie am Strand trudelte ich immer hinterher, weil ich damit beschäftigt war, Sand und Steine aus den Schuhen zu schütten. Sehr viel später bin ich darauf gekommen, womit das zu tun hat.

Als mir nämlich die Mutter von einem Säugling erzählt hat, der auf der Intensivstation lag und der immer in die Fersen gepiekt wurde für die Sauerstoffsättigung. Man piekt mit kleinen Stiletten auf die Fersen, es kommt ein Blutstropfen, und dann kann man erkennen, ob das Kind eine gute Sauerstoffsättigung hat, das ist der einfachste Weg. Es kommt immer ein kleiner Blutstropfen, das muss wehtun. Und das tut auch weh. Und so habe ich also mit eingekrallten Zehen laufen gelernt, weil ich nicht auftreten wollte. Das muss so gewesen sein, weil ich ja als extremes Frühgeborenes zur Welt gekommen bin

mit 1500 Gramm, es muss der achte Monat gewesen sein, man wusste das damals nicht genau. Also wirklich ein Frühchen. Brutkästen und Beatmungsmaschinen, das gab es ja vor 55 Jahren noch gar nicht, und das Einzige, was man tun konnte, war wärmen und hüten und hegen ... und beten. Es gab auch noch keine Kanülen, keine Braunülen, nichts.
Es muss etwas ganz, ganz Frühes sein, da bin ich so empfindlich, und meine Familie sagte: „Stell dich doch nicht so an." Das ist eine Überempfindlichkeit. Heute bin ich damit im Frieden und kann mir das gestatten. Deswegen glaube ich, es geht noch früher los.

Solange ich denken kann, weiß ich, dass ich einen Zwillingsbruder gehabt habe, also er ist schon immer Teil meiner bewussten Erinnerung. Ich habe zwei Schwestern, deswegen habe ich mir ja so sehnlich einen Bruder gewünscht, und die eine Schwester ist nur zwölfeinhalb Monate jünger als ich. Ich denke, das ist wie ein Wiedergutmachungskind. Und da sie auch Teil meiner bewussten Erinnerung ist, waren wir schon immer zu zweit. Insofern ist dann diese Verbindung entstanden. Wir sind aufgewachsen wie Zwillinge. Und wir sind auch heute noch ganz eng verbunden. Es kann passieren, dass ich den Telefonhörer hochnehme, um sie anzurufen, und sie ist schon in der Leitung. „Hallo bist du das?" – „Ja" – „Wusste ich es doch!" So eng verbunden sind wir also auch.
Ich kann mich erinnern, dass ich mich trotzdem immer gefragt habe, warum ich alleine bin. Warum gibt es diesen Bruder nicht? Wo ist der? Das ist Teil meiner gesamten Rückerinnerung: Ich war eigentlich mal zu zweit. Das muss mir ganz früh erzählt worden sein.
In der Familie wurde darüber geredet. Wobei ich immer hartnäckig gefragt habe: „Wo ist der? Warum lebt der nicht, wenn ich ihn doch so gerne gehabt hätte?" – „Ja, der ist vor dir geboren, viele Wochen vorher."
Das ist damals offenbar eine sehr dramatische Geschichte gewesen, wäre es auch heute noch. Und es ist ein Satz hängen geblieben: „Du hast ihm alles weggegessen." Den Satz habe ich irgendwann vergessen, aber er hat mein ganzes Leben beeinflusst, bis hin zu meiner Berufswahl, wie ich heute weiß. Inzwischen glaube ich, es war meine Mutter, die in einer irritierten Phase war und es weggeschoben hat: „Jetzt will ich nicht mehr darüber reden. Lass mich doch mit diesem Schmerz zufrieden." Ich glaube, dann habe ich aufgehört zu fragen. Aber ich hatte eine Erinnerung und ich habe sie dann umgesetzt in ein Bild und das Bild begleitet mich schon sehr lange. Ich habe einen wie mit Wasser gefüllten großen Luftballon vor mir gesehen, der so ein bisschen herumschwabbelte, wie die Fruchtblase. Im Nachhinein habe ich gedacht, das ist ja genial, denn das entspricht fast der Anatomie. Und darin waren zwei Kinder. Zwischen diesen beiden Kindern schwebte ein Tisch, wie Tischlein deck dich. Dieser Tisch war übersät mit Nahrung und ich stopfte mir alles rein. Er verhungerte auf der anderen Seite des Tisches.
Dann habe ich diese ganze Geschichte vergessen. Bis ich fast an meinem Beruf gestorben bin. Ich wäre fast draufgegangen. Ich glaube, ich hätte einen Herzinfarkt gehabt, wenn ich mich nicht rausgelöst hätte. Ich habe die ganze Geschichte in meiner

Therapieausbildung noch einmal aufgegriffen, dabei hat sich sehr viel geklärt. Die Sehnsucht nach diesem Bruder und der Schmerz sind immer noch da. Es hat nie aufgehört. Ich vermisse ihn noch immer. Er ist immer noch ein Teil von mir, der fehlt, der nicht da ist, und den ich gerne neben mir gehabt hätte. Dann wäre ich ganz. Ich bin ja in die Geburtshilfe gegangen, ich bin in der Neonatologie gelandet, es gibt keine Zufälle. Es war neben der Universitätsklinik die größte neonatologische Intensivstation, das heißt ich bin intuitiv richtig dort gelandet, wo es um den Überlebenskampf von Kindern und Frühchen geht. Ich habe das auch gut gemeistert, aber ich konnte nicht loslassen. Ich habe diese Kinder bewacht bis zum ersten Schrei. Ich wollte immer wieder diesen Kindern das Leben retten, dem Bruder wollte ich eigentlich das Leben retten, glaube ich. Oder wiedergutmachen. So wie ich gearbeitet habe, 90 Stunden in der Woche, nur geschlafen und gearbeitet, das hatte schon etwas Grenzenloses, Selbstmörderisches. Es kam bis zum Zusammenbruch, als ich mit einem Blutdruck von 220 im Kreißsaal neben den Kreißenden lag und nicht mehr arbeitsfähig war. Da habe ich verstanden, ich werde diesem Bruder nie das Leben retten, aber es nützt auch nichts, wenn ich mich daneben lege und selber sterbe.

Mein Auftrag ist es zu leben, das habe ich dann in der Therapieausbildung gesehen. Ich will jetzt nicht mehr an seiner Stelle sterben. Das habe ich verändert, aber ich rette heute noch gerne Kinderleben und passe auch immer noch gut auf sie auf.

Es war die erste Schwangerschaft meiner Mutter. Sie war 32, für damalige Verhältnisse eher älter, es hieß, das ist doch schon viel zu spät. Meine Eltern haben sich das Kind sehr gewünscht, haben sich sehr gefreut und wussten es nicht, dass es zwei waren. Damals gab es noch keinen Ultraschall und man röntgte, wenn man den Verdacht auf Zwillinge hatte. Aber den Verdacht hatte man ja immer erst, wenn es große Probleme mit einem Riesenbauch gab, und sich herausstellte, da sind zwei Knochenstrukturen erkennbar.

Meine Eltern wohnten in Aachen, nahe der holländischen Grenze. Sie machten einen Ausflug im siebten Monat, mein Vater wollte unbedingt nach Holland über die Grenze, auf Holperstraßen und Kopfsteinpflaster. Der Wagen schunkelte und schaukelte und es gab ein großes Gewitter, Regenschauer mit Blitz, es donnerte und knallte, und bei dieser Autofahrt kriegte meine Mutter Wehen. Sie sind also zurückgefahren, direkt in die Klinik, und dann ging die Geburt los. Meine Mutter hat vielleicht unbewusst meinem Vater vorgeworfen, er habe es mit verursacht, er habe sie dazu überredet, zu einem späten Zeitpunkt der Schwangerschaft noch so eine unsinnige Tour zu machen, und hätte die Geburt damit ausgelöst. Was nicht geht, wenn nicht irgendetwas Besonderes ist. Es hatte gar nichts mit ihm zu tun. Aber das hat niemand verstanden und den beiden erklärt, so dass sie das nicht verarbeiten konnten. Es begann die Geburt und ein totes Kind wurde geboren, das, wenn ich das rückschließen kann, etwa 20 Wochen alt war, und sich schon so zusammengezogen hatte, also am Zurückbilden war. Dünn und ausgemergelt, eigentlich schon länger tot, als der Zustand der Schwangerschaft vermuten ließ. Wir haben lange Zeit miteinander im Bauch

verbracht, ich habe gelebt und er war vielleicht schon viele Wochen tot. Das war die Natur, die mir in dem Moment wahrscheinlich sogar das Leben gerettet hat, um mich noch die letzte Zeit alleine ernähren zu können.
Ich bin ja mitverhungert, was ich nicht verstanden habe, damals als Kind. Das hat niemand verstanden. Ich war ja auch so klein, viel zu klein, dass ich genau dasselbe Problem hatte wie er. Nur ist er vor mir gestorben. Es war eine schwere Plazentafehlfunktion für uns beide. Ich habe knapp überlebt und er hat es nicht geschafft. Aber für mich war es auch knapp. Ich war vier bis sechs Wochen kleiner, als ich als Einzelkind hätte sein können. Wenn man in der 36. Woche zur Welt kommt, dann wiegt man zweieinhalb Kilo, aber nicht 1500 Gramm.
Meine Mutter sagt, sie hätte nie gewusst, ob es eine Junge oder Mädchen war. Es gibt offiziell keinen Hinweis darauf, welches Geschlecht das Kind hatte. Ich habe gedacht, dieses Bild ist wohl nur in mir entstanden, dass es ein Bruder ist. Aber ich bin fest davon überzeugt, dass es stimmt. Wenn Schwangerschaften unglücklich enden, dann ist es mir das erste Anliegen, keine Schuld zuzuweisen, wenn ich darüber aufkläre, sondern, im Gegenteil, zu entlasten. Es geht auch nur um Entlastung, Schuld ist sowieso niemand. Wenn jemand mit Schuldgefühlen herumläuft, explodieren diese Gefühle immer irgendwohin. Ja, und daraus kommt wahrscheinlich dieses ungeduldige: „Du hast ihm alles weggegessen." Irgendwo musste dieser totale Schmerz hin, ein Kind verloren zu haben, den meine Mutter auch nicht verarbeiten konnte. Ich hab das damals abgekriegt. Es wäre so einfach gewesen zu sagen, „Freuen Sie sich, dass dieses Kind lebt, es hat fast auch nicht gelebt. Aber die Natur hat es so gefügt, dass dieses Kind leben konnte." Als Kind habe ich mich immer wie eine Mörderin gefühlt. Und habe gedacht, wie kann ich einen Bruder, den ich liebe, umbringen? Was ist Böses in mir, dass ich zum Mörder werde? Später habe ich versucht, es wieder gutzumachen, ohne den Zusammenhang zu verstehen.

Aber es passierte auch was ganz Tolles. Erst wurde dieses tote Kind geboren und dann folgte: „Ach, da ist ja noch ein Lebendes drin", was man bis zu dem Zeitpunkt nicht wusste. Das konnte man dann mit dem Hörrohr hören. Meine Mutter hatte vorher schon immer gesagt, „Da stimmt was nicht, da ist so was Hartes in meinem Bauch, es stimmt was nicht." Man hat ihr gesagt, nicht so in sich reinzuhören, das würde nichts bringen. Sie hat aber schon viel früher wahrgenommen, dass etwas nicht stimmte. In der Klinik kam also der tote Zwilling zur Welt und danach dieses Entsetzen, „Oh Gott, da ist ja noch eins drin, das kriegen wir nicht durch, wie soll das gehen." Dann setzten die Wehen aus und nichts passierte. Die Ärzte haben gesagt, „Das kann nicht leben, das kriegen wir nicht durch." Darauf sagte meine Mutter: „Wenn das Kind nicht raus will, dann lassen sie es doch drin, ich tu alles, was sie sagen, ich will dieses Kind!"
„Also, das hat keine Chance." Der Muttermund war auf, eine Geburt war durchgelaufen und dann zog der sich aber wieder zusammen, und es war Ruhe. Es passierte ein Wunder. Dann hieß es: „Nicht rühren, nicht regen, nicht aus dem Bett gehen, nichts. Bleiben sie liegen, das ist das einzige, was wir tun können." Es gab keine

Wehen hemmenden Medikamente, das ist 1954 gewesen, Antibiotika kannte man gerade, die waren erst Ende des Krieges nach Europa gekommen. Ich glaube, man hat ihr irgendetwas Hochdosiertes gegeben. Meine Mutter lag drei Wochen. Sie ging keinen Schritt vors Bett. Mein Vater kam abends immer von der Uni zum Schachspielen, damit sie wenigstens ein bisschen Abwechslung am Tag hatte. Dann haben sie sich ausgetauscht. Ich bin noch drei Wochen über die Geburt des ersten Zwillings hinaus völlig ruhig im Bauch geblieben, die Verlängerung der Schwangerschaft, das ist wirklich ein großes Wunder. Als die Wehen einsetzten, war es nicht aufzuhalten, und dann kam ich zur Welt.
Ich wurde in Watte gepackt, weil es keine Brutkästen gab. Der Leiter der Klinik entwickelte einen gewissen Ehrgeiz, denn so eine Geschichte war weltweit nie passiert, es war einzigartig, dass eins drin bleibt, und dass man eine Verlängerung der Schwangerschaft hat. Er sagte, „Jetzt müssen wir alles tun, was die Medizin zu bieten hat, um dieses Kind am Leben zu halten, weil das so rar ist, das muss leben." Aachen ist durch und durch katholisch und es gab eine angeschlossene Kinderklinik. Die Frühchen wurden alle von einzelnen Nonnen betreut. Meine Mutter hatte eine durchgewachsene Plazenta. Die war so eng an die Gebärmutterwand angehaftet, dass sie die nicht los bekamen und dann kann die Gebärmutter sich nach der Geburt nicht zusammenziehen und dann rauscht das Blut. Dass sie das überhaupt überlebt hat, sie muss massiv geblutet haben. Es war für uns beide ein dramatischer Kampf ums Überleben. Sie war sehr geschwächt durch den Blutverlust und ich wurde dann in die Kinderklinik verlegt. Irgendwie klappte das wohl mit dem Stillen nicht und ich kriegte eine Nonne, die nur für mich zuständig war. In Ermangelung eines Brutkastens trugen die Nonnen ihre früh geborenen kleinen Kinder vierundzwanzig Stunden am Tag in Watte gepackt mit sich herum.
Und da fragt man sich natürlich, wo bleiben alle meine Bindungen? Ich habe mich später häufig gefragt, bin ich bindungsunfähig, kriege ich das nie hin? Was hat das damit zu tun? Aber diese Nonne, die mich die nächsten drei Monate, sozusagen an Mutters statt, wie ein Känguru am Herzen getragen hat, hat alles wieder gutgemacht. Das glaube ich heute noch. Schwester Alfreda, hieß sie. Als Erwachsene kamen die ganzen Erinnerungen, ich glaube, dass sie da womöglich gar nicht mehr gelebt hat. Aber den Namen dieser zweiten Mutter kenne ich seit langer Zeit. Es hat immer Vizemütter gegeben, das zieht sich durch meine Lebensgeschichte. Also immer wieder eine andere Muttergestalt, die etwas Warmes, Ergänzendes, Stärkendes und Stützendes mit reingebracht hat. Dieses „Kangarooing" (intensiver Hautkontakt zwischen Kind und einem Elternteil) gab es ja noch gar nicht. Also, die hatten Tücher um und da wurde man reingepackt und dann wurde mir stündlich mit Löffelchen, Pipette und Spritzchen immer reingeträufelt, den ganzen Tag. Die kann monatelang nicht geschlafen haben, vielleicht immer nur fünfminutenweise. Wie die das geschafft hat, weiß ich nicht, aufopfernd hat sie mich großgezogen, bis ich dann soweit war, dass ich nach Hause konnte. Mein Vater erzählte, als ich geboren wurde, hatte ich eine Hand, die war so groß wie sein Daumennagel und meine Mutter brachte

ihre Puppenkleider in die Klinik, um mich damit einzukleiden.
So hab ich das damals überstanden. Als ich nach Hause entlassen wurde, war meine Mutter gerade wieder schwanger geworden. Und als ich wieder in die Obhut meiner Eltern kam, aß ich nicht. Natürlich habe ich das Essen verweigert. Ich konnte das doch nicht fortsetzen, dieses Töten, denn das war Töten.
Und es war unendlich mühsam, mich zu ernähren. Stundenlang haben sie mich gefüttert, weil ich immer alles ausspuckte. Es war eine Qual, die müssen auch wütend und zornig gewesen sein. Und dann kam meine nächste Vizemutter zur Hilfe, das war die jüngste Schwester meines Vaters, die mich mit großgezogen hat. Sie hat mich dann auf dem Arm getragen und ist meine Lebensverbindung. Ich habe sie heiß geliebt und sie hat gesagt, „Du bist meine Vizetochter."
Ich hatte als Frühchen auch neurologische Probleme mit der Koordination, mit der Bewegung, eine vernünftige Krankengymnastik gab es nicht. Sie war Krankengymnastin. Ist das nicht ein Wunder? Es gibt Bilder, wie sie mich an den Beinen hält und ich hoch aufgerichtet mit eigener Kraft in ihren Händen stehe. Irgendwie hat der liebe Gott es mit mir auch wieder gut gemeint. Da, wo er mir was weggenommen hat, hat er mir auch viel gegeben. Und meine Tante hat dann dafür gesorgt, dass man das mit meiner Ernährung hingekriegt hat, meine Mutter hing nämlich spuckend über der Kloschüssel. Sie hat die ganze Schwangerschaft mit meiner Schwester nur erbrochen. Wir erbrachen gleichzeitig. Das klingt absurd, aber ist so inniglich verwoben. Ich glaube, das ist so ein Zeichen dafür, dass diese Trennung noch nicht stattgefunden hat, das war noch nicht gelöst. Dieses Dreieck, mein Vater, meine Mutter und ich, hat über meine Geburt hinaus Bestand gehabt. Als meine Schwester dazukam, fing ich an zu essen. „Dann kam der Futterneid", sagte meine Mutter. Als ich das Gefühl hatte, ich krieg nicht mehr genug, war das Essen kein Problem mehr. In dem Moment, wo wieder ein „Zwilling" da war, war wieder etwas lebendig.
Sechs Jahre später kam dann noch ein Mädchen. Für Kinder ist das ja fast eine Generation, ich entwickelte Muttergefühle meiner jüngsten Schwester gegenüber.

Es hat eine Bedeutung für meine Schwestern gehabt, dass es einen Bruder gegeben hat. Die Schwester, die ein Jahr nach mir geboren wurde, würde das nicht Wiedergutmachung nennen, aber sie hatte das Gefühl, sie ist das Kind, das niemals Probleme machen darf. Weil alle Reserven zur Bewältigung eines Traumas verbraucht waren. Es war erst nach langer Zeit klar, dass ich ein gesundes Kind sein würde, die Ärzte konnten meiner Mutter nicht sagen, ob ich irgendwelche Schäden davontragen würde. Ich hatte ganz abstehende Ohren früher, meine Mutter hat mir immer Pflaster an die Öhrchen geklebt, damit die sich anlegen, was natürlich nicht funktioniert hat. Sie hat wohl auch immer an meinem Bett gestanden und mich fasziniert und erschrocken angeguckt, weil ich ja eine kleine überstehende Lidfalte habe, ein Epikanthus, das ist früher das einzig sichere Zeichen für Mongolismus gewesen. Ihr war das grottenunheimlich. Und es zeigte sich erst im Laufe der Zeit, dass ich ein ganz gesundes Kind sein würde. Es hat also lange Zeit gedauert, bis dieses Aufatmen kam, erstens, sie ist kein mongoloides

Kind, und zweitens, sie entwickelt sich doch normal. Sie fängt an zu laufen, zwar mit angezogenen Krallen, sie isst jetzt, und nun spricht sie auch.
In dem Moment, wo meine Schwester da war, waren wir wirklich parallel. Aber ihr Familienauftrag war, du Kind, mach bitte keine Probleme, wir haben dafür keine Nerven mehr. Insofern hat sie sich immer zurückgenommen und war immer die Lächelnde, Liebe, Freundliche. Dass auch ganz viel Zorn, Wut und Aggression in diesem zweiten Kind toben würde, hat niemand geahnt, bis sie mit zwölf Jahren schwerstes Rheuma kriegte. Das begleitet sie heute noch. Also die Wut tobt in den Gelenken. Und bis dahin war sie ein völlig unkompliziertes Kind, sie durfte ja auch nicht anders sein.
Für meinen Bruder gibt es keinen Ort, aber ich habe ihn nach Jahrzehnten wiedergefunden und mich an die ganzen alten Geschichten erinnert. Ich habe ihn wiedergefunden.
Seit Jahrzehnten habe ich immer einen Schal um. Wenn ich ohne Schal aus dem Haus gehe, fühle ich mich nackt. Ich habe dreißig, vierzig, fünfzig Schals zu Hause herumhängen. Heute ist es ein blauer, ich habe auch meinen Delfin dabei. Delfine sind für mich die inneren Helfer. Die hole ich mir zu Hilfe, wenn es mir nicht gut geht. In der Trauma-Therapie kommen die inneren Helfer ja auch vor. Den Delfinen bin ich selber begegnet, vor den Bahamas bin ich mit wildlebenden Delfinen geschwommen. In einem der schönsten Momente, die so eine Verquickung bildet, habe ich angefangen meinen Bruder zu finden, glaube ich. Ich war im offenen Meer und ganz dicht neben mir ein Delfin, sie berühren einen ja nicht. Wenn man sie selber nicht berührt, tun sie es auch nicht, aber sie kommen dicht heran. Ich habe diese Wasserwelle neben mir gefühlt, und wie dieser Delfin einen Moment lang genau in meiner Geschwindigkeit neben mir schwamm. Und ich war gerade dabei, eine Fehlgeburt, die ich selber gehabt hatte, zu überwinden. Und das war der Moment, da machte es klick. Da dachte ich, jetzt kann ich sozusagen mein inneres Kind in die Freiheit entlassen mit diesem Delfin, da ist es gut aufgehoben. Da konnte ich etwas loslassen. Heute habe ich gedacht, der blaue Schal, Wasser und Delfin, das ist kein Zufall.
In der Therapieausbildung bin ich diesem Bruder in einem Psychodrama wieder begegnet. Ich hatte irgendwann einen Traum, während der Ausbildung. Ich sah einen riesigen dunklen Schatten, der mich über unendliche Treppen eines Fabrikgebäudes verfolgte. Wie so ein Bild von Escher. Ich jagte die Treppen rauf und runter und der war hinter mir. Ich fühlte mich bedroht und hatte das Gefühl, irgendetwas ist bedeutsam mit diesem Traum. Das ist ja schon lange her, da war ich knapp aus der Klinik, kurz vor der Kündigung. Ich hatte einen unbefristeten Vertrag, eine Funktionsoberarztstelle, und hätte da alt werden können. Dann wäre ich wahrscheinlich am Herzinfarkt gestorben. Ich habe in der Ausbildungsgruppe darüber geklagt, gelitten und nichts verändert. Bis mich dann in der Gruppe jemand fragte, „Was hindert dich am Leben?" Und mit dieser Frage erinnerte ich mich an die Zwillingsgeschichte. Das war kurz bevor ich kündigte. Bis dahin hatte ich sie in ihrer Dimension völlig vergessen, 35 Jahre lang. Dass ich Zwilling war, wusste ich noch, aber das war alles, was ich noch erin-

nerte. Und plötzlich ging wie im Theater so ein Vorhang auf und ich sah ein ganzes Theaterstück vor mir ablaufen, wie eine alte Bilderflut.

Kurz nach dieser Entdeckung habe ich am Ende einer Ferienreise den Rückflug verpasst, was mir in meinem ganzen Leben nie passiert ist. Ich saß in Lissabon auf dem Flughafen und der Flieger war weg. Ich dachte, was heißt das jetzt? Hier nicht weg oder da nicht hin? Ich bin dann für teures Geld mit einem Linienflug zurückgeflogen und habe eine Entscheidung getroffen. Wenige Tage nach der Rückkehr habe ich gekündigt. Nach zehn Jahren Klinik bin ich weggegangen. Ich fühlte mich unendlich erleichtert. Ich wusste nicht, was ich machen sollte, ich hatte plötzlich keinen Beruf mehr. Klinik und Praxis sind zwei unterschiedliche Berufe, das ist wie Tag und Nacht. Ich hätte auch Würstchen verkauft.

Ich hab meinen Bruder wiederentdeckt. Ich hatte das Bild einer Verfolgung im Traum, ohne zu wissen, wo es hinführen würde, in die Psychodrama-Gruppe mitgenommen, habe davon erzählt. Ich wüsste überhaupt nicht, was ich damit anfangen solle, ich sei nur entsetzlich erschreckt. Und dann habe ich mit Einzelnen aus der Gruppe diesen Traum dramatisch dargestellt und in der Reinszenierung wurde plötzlich klar, der Schatten ist mein toter Bruder, der mich ein ganzes Leben lang über jede Treppe meines Lebens immer verfolgt hat, weil er noch mit mir verbunden war. Und ich habe dann die Nabelschnur visualisiert. Die Schnur, die ihn mit mir verband, so dass er jeden Schritt, den ich machte, mitmachte. Und die pulsierte nachher in den inneren Bildern wie eine dicke Kordel. Und das Lebensblut sog immer noch hin und her zwischen uns. Es war keine Trennung erfolgt. Es gibt kaum einen schmerzhafteren Prozess in meiner Ausbildung, ich kann mich auch kaum an etwas erinnern, was mir mehr wehgetan hat, als am Ende diese Verbindung zu trennen. Er hat mich dazu aufgefordert in dieser Aufstellung. Seine Bitte war: „Lass mich gehen, du verlierst mich ja nicht, ich bleibe dir ja, aber ich habe mein eigenes Leben. Ich gehöre nicht in dein Leben. Du kannst mich doch nicht ein Leben lang an der Nabelschnur immer mit dir herumschleppen."

Da konnte ich ihn loslassen. Ich habe eine Schere genommen und die Kordel durchschnitten.

Dieser Riesenschatten hat alles überschattet. Berufswahl und Partnerwahl und Partnerkonflikte. Immer tauchte der riesige Schatten auf, der dazwischenfunkte, in allem was mich anging. Dann hab ich diese Nabelschnur durchtrennt, und in dem Moment hatte ich das Gefühl, ich blute aus. Ich verblute, ganz schrecklich. Ich war völlig verwirrt nach dieser Sitzung und war auch nicht in der Lage Auto zu fahren. Ich konnte nicht nach Hause fahren und bin dann irgendwo anders untergeschlüpft. Ich war schwerstverletzt und hab diese Trauer der Trennung endlich in jedem Zweig meines Körpers fühlen können. Die Trennung war nie erfolgt. Da war sie. Es hat mich fast zerrissen – und dann war es gut. Da musste ich noch mal durch. Die Akutphase war etwa eine Woche, in der ich fast nicht reden konnte. Wo kein Ton rauskam, ich konnte nicht essen, nicht schlafen, nicht stehen, gar nichts. Die Therapeutin, die das damals geleitet hat, ist hochkompetent. So etwas aufzufangen, was ich damals erlebt habe, gehört zu den größten Herausforderungen, aus der Therapeutenrolle gesehen. Es gibt fast keine größere Herausforderung als Leben und Tod, es war unmittelbar. Das zu tragen, aufzufangen und dranzubleiben, hat sie toll gemacht, ich fühlte mich geschützt. Insofern war ich immer angebunden, es gab ein Netz. Allen anderen um mich herum, der Familie, meiner Schwester, Freunden, konnte ich es erstmal nicht erklären. Mit Mitte zwanzig habe ich mich in einen Mann verliebt, der genauso groß und dunkel war. Im Grunde genommen, als wäre es der Schatten meines Bruders. Genau dieselben Körpermaße, 1,95 m. Einmal nur im Leben ist es mir passiert: Liebe auf den ersten Blick, es machte Peng. Und dann veränderte sich unsere Beziehung. Ich dachte, wenn ich mit meinem Bruder schlafe, ist das Inzest, das geht nicht. Also brachen wir auseinander, weil ich keine intime Beziehung zu diesem Mann halten konnte, obwohl ich unglaublich angezogen war. Aber diese Mischung aus Bruderschaft und Partner, das konnte ich nicht trennen. Und dann sind wir auseinander und jedes Mal, wenn wir uns sahen: Peng. Es ging ihm auch so. Wir sind auseinander und wieder zusammen. Dieses Spiel haben wir sehr lange gespielt.

Heute haben wir noch Kontakt. Jeder ist ganz andere Lebenswege gegangen. Wir leben auch gar nicht mehr in denselben Lokalitäten, aber wir sehen uns immer wieder, und als wir uns nach einer langen Pause wieder begegnet sind, ist es wieder passiert. Das war dann nach der Auflösung. Seitdem sind wir ein Liebespaar. Jeder in seinem eigenen Lebensumfeld, aber ein Liebespaar seit dreißig Jahren. Endlich können wir auch miteinander leben, wenn wir zusammenkommen, weil ich ihn nicht mehr mit meinem Bruder verwechsle. Also, es hat eine Fortsetzungsgeschichte gefunden. Er hat es intuitiv gespürt, dass ich das nicht auseinanderhalten konnte, und dass das eine Dynamik war, bis in meine tiefsten Gefühle.

Alles das sind aber Dinge, die ich erst im Laufe der Zeit herausgefunden habe. Jedes Mal kommt wieder so ein Stück dazu und jedes Mal nimmt es mir ein Stück den Atem.

EIN ZWILLING ALLEIN

Das Zwillingsschicksal entscheidet sich meist schon früh. Teilt sich die Zygote, der erste Keim des neuen Lebens, erst dreizehn Tage nach der Befruchtung oder noch später in zwei Embryonen, gelingt die Trennung nicht mehr vollständig. Meist am Rumpf zusammengewachsene, so genannte siamesische Zwillinge entstehen, die häufig nicht lebensfähig sind. Bei der ersten bekannten Operation siamesischer Zwillinge 1689 starben beide Säuglinge. Seit 1960 wird jedoch immer häufiger von erfolgreichen Trennungen solcher Kinder im frühen Lebensalter berichtet, manchmal sogar, wenn sich beide ein Organ teilen. Durch Organspende und die medizinischen Möglichkeiten überleben inzwischen immer häufiger beide Kinder diese Trennung, bei der früher zumeist eins starb. Es gibt auch Berichte von siamesischen Zwillingen, die nicht getrennt wurden, und dennoch ein „eigenständiges" Leben führten, heirateten und Kinder bekamen. Wie diese Lebensform praktisch aussehen kann, ist für uns heute nur schwer vorstellbar.

Wenn sich die Zygote bis zum vierten Tag nach der Befruchtung teilt, reifen beide Kinder mit einer eigenen Plazenta in einer eigenen Fruchthöhle. Findet die Trennung nur einen Tag später statt, teilen sich beide Kinder eine Plazenta. In diesem Fall kann es zumindest für einen der Föten zu einer Unterversorgung kommen, was einen oft unbemerkten Abgang im Frühstadium der Schwangerschaft mit sich bringt. Manchmal stirbt ein Zwilling aber auch im späteren Schwangerschaftsstadium oder sogar unmittelbar vor der Geburt. Nicht immer ist die Ursache nachzuweisen, wie es bei Jesse, dem Zwillingsbruder von Elvis Presley

der Fall gewesen sein soll, dem die Nabelschnur um den Hals gewickelt war, so dass er bei der Geburt erstickte.
Offenbar wird häufig, unabhängig davon, in welchem Stadium oder Alter ein Zwilling stirbt, der Verlust für den verbleibenden Zwilling als schmerzhafte Amputation wahrgenommen. Viele Menschen, die lebenslang das Gefühl haben, ihnen würde ein Teil fehlen, können rekonstruieren, dass sie ursprünglich ein Zwilling gewesen sind. Schon in der ersten gemeinsamen Zeit im Mutterleib scheint eine enge Bindung zu entstehen, die das Leben nachhaltig beeinflusst.
„Once a twin, always a twin" war das Motto von Dr. Raymond Brandt, dem Begründer der amerikanischen Organisation „Twinless Twins". Regelmäßige Treffen von vielen „übrig gebliebenen" Zwillingen, bei denen es zum Austausch der Erfahrungen untereinander kommt, werden in allen US-Bundesstaaten angeboten.
Es gibt bestimmte Volksgruppen, beispielsweise im Sudan und in Paraguay, in denen das Zwillingspaar die Regel bildet, und die Geburt eines einzelnen Kindes auf den Verlust des Zwillings hinweist, auf die Unvollkommenheit der ursprünglichen Vereinigung.
Auch in der Kultur der Yoruba nehmen Zwillinge einen entscheidenden Platz ein. Um einem überlebenden Zwilling dort ein normales Leben zu ermöglichen, bittet die Mutter einen Heiler, eine zwanzig Zentimeter große Holzstatue anzufertigen, für die sie sorgt, wie für einen lebendigen Zwilling, sie wäscht sie, ölt sie ein, behält sie bei sich. Später trägt der übrig gebliebene Zwilling die Holzfigur von einem Tuch gehalten an seiner Brust.

ULLA UND FREYA

geboren 1945 in Hannover

„DIE RIVALITÄT HABEN WIR ÜBERWUNDEN"

Ulla ist die Mutter eines Freundes, von der ich erst im Laufe der Arbeit an dem Buch erfahren habe, dass sie eine Zwillingsschwester hat. Ich habe sie bei Begegnungen immer sehr offen und begeisterungsfähig erlebt und nicht lange gezögert, bei ihr anzufragen, ob sie und ihre Schwester Lust hätten, an dem Projekt teilzunehmen. Einige Zeit später kam die Antwort.

Liebe Patricia!

Vielen Dank für Deine Anfrage an uns, an dem Zwillingsprojekt mitzumachen.
Ich habe inzwischen mit meiner Zwillingsschwester darüber gesprochen.
Und nach längerem Nachdenken sind wir beide zu der Meinung gekommen, dass wir dieses eigentlich nicht so gerne mitmachen möchten. Dieses geht unseren beiden älteren Schwestern auch so.

Ich selbst denke, dass ich – nach all den vielen Jahren (wir sind jetzt 65 Jahre alt), die wir diese schicksalhafte Geschwisterkonstellation durchleben mussten, im „Rahmen" von äußerst autoritären Eltern, die uns vier Schwestern zu oft „über einen Kamm geschoren haben" –, froh bin, vieles an Individualisierungsprozessen durchgemacht zu haben und Umlernen und Umdenken und schwere Seelenarbeit geleistet zu haben, auch zeitweise mit therapeutischer Hilfe, so dass ich dieses nicht wieder aufrollen möchte.

Wir sind inzwischen einigermaßen autonom und meistern unser Älterwerden und unsere sozialen Bindungen jede auf ihre Art und können mit freiwilligen Verbundenheiten (natürlichen Abhängigkeiten) gelassen umgehen. Wir sind uns nah und tief verbunden in unseren Herzen, was Mitgefühl und Fürsorge um die andere angeht. Das ist ein kostbares Werk, was mit Geschick und Sorgfalt und Achtsamkeit die große Dynamik von Riva-

lität und Spannungen zweieiiger Zwillinge überwunden hat.

Ich habe vor vielen Jahren von einem Berliner Psychoanalytiker den Satz gehört: „Das Karma von zweieiigen Zwillingen ist bereits in die Wiege gelegte Rivalitätsbewältigung und Hass!"

Das kann ich bestätigen, dies hat je nach Reifungsphase die Entscheidungen meines Lebens massiv geprägt, mit allen Irrtümern und Konflikten, vor allem auch mit Mitschülerinnen, Mitsportlerinnen, Mitkolleginnen oder den Ehefrauen von geliebten, verheirateten Männern. Die Lebensleitsätze: „Ich bin besser, ich muss den Kampf gewinnen, ich habe Recht, ich bin schöner, klüger, ich muss gefallen, ich muss mich anpassen" etc., bergen letztlich doch die große Angst und Konkurrenz um die Liebe der Eltern und die daraus erwachsene schwere Neurose mit all ihrem Schmerzvermeidungsverhalten und mit vielen leidvollen Erfahrungen und Lernprozessen.

Jetzt sagen zu können, ich bin einigermaßen entspannt damit und kann die Situationen rechtzeitig mit neuem Denken und Handeln angehen, ist eine große Lebensqualität und Bereicherung. Ich habe dazu Sport, Psychologie, Meditation, Buddha, meinen Beruf als Ergotherapeutin und Gestaltungstherapeutin, 25 Jahre lang in der Psychiatrie mit regelmäßigen Supervisionen, dazu Zusatzausbildungen in esoterischen und alternativen Heil- und ganzheitlichen Lebensbewältigungsstrategien (Kinesiologie und Lichtarbeit, Reiki, Yoga, Ernährungslehre), meine Kinder, Freundinnen und seit 10 Jahren meinen geliebten 2. Ehemann Thomas gebraucht.

Freya ist einen ganz, ganz anderen Weg gegangen.

Wir könnten Bücher darüber schreiben, wollen dies beide aber ruhen lassen und freuen uns über jede entspannte Situation und jedes lachende Gespräch.

Herzliche Grüße, Ulla

ZWEIEIIGE ZWILLINGE

Zweieiige Zwillinge wachsen aus verschiedenen, unabhängig voneinander befruchteten Eizellen: Es entstehen zwei Individuen, die sich genetisch und äußerlich so ähneln wie „normale" Geschwister. Sie können gleichen oder unterschiedlichen Geschlechts sein. So kann es zu dem seltenen Phänomen kommen, dass zweieiige Zwillinge von Eltern mit unterschiedlicher Hautfarbe ebenfalls verschiedene Hautfarben haben. Dieser Fall, dessen Wahrscheinlichkeit eins zu eine Million beträgt, ist zum Beispiel 2008 in Berlin aufgetreten: Die Hebamme reichte den überraschten Eltern ein weißes und ein dunkelhäutiges Baby. In England hat so ein Fall für noch mehr Verwirrung gesorgt, da beide Eltern weiß waren. So stellte sich heraus, dass die Mutter in kurzer Folge Geschlechtsverkehr mit ihrem Mann und einem weiteren Partner gehabt hat, dessen Hautfarbe sich bei „seinem" Zwillingskind durchgesetzt hatte.

„Zweieiigen gegengeschlechtlichen Zwillingen wird vielfach eine besondere Verbindung nachgesagt. Das nicht gleichgeschlechtliche Zwillingspaar gilt in der Mythologie als Sinnbild für Fruchtbarkeit. Aus dem Mythos entlehnt ist der Inzest, der die Vorstellung nährt, dass in der Vereinigung des Zwillingspaares der Mensch zu seiner ursprünglichen Einheit zurückkehrt. Der Zwillingspartner wird zur idealen Ergänzung des Selbst. In der Literatur findet dieses Phänomen einen Spiegel, beispielsweise in „Der Mann ohne Eigenschaften" von Robert Musil, wo die Geschwister Ulrich und Agathe eine Beziehung eingehen und sich als Zwillinge

ausgeben, um die größtmögliche Nähe nach außen zu zeigen und zu empfinden.
„... daß ich längst auch von der wahrhaften Möglichkeit doppelgängerischer Zwillinge rede, zwei Seelen zu haben und eine zu sein ..."
Das Inzestmotiv taucht auch in „Der Gott der kleinen Dinge" von Arundhati Roy auf. Die Beziehung der Zwillinge als Kinder ist eng „wie eine einzige siamesische Seele". Sie werden jedoch durch die Trennung der Eltern auseinandergerissen. Esta, der Junge, verstummt mit der Zeit. Auch seine Schwester Rahel leidet unter der Trennung „... dass die Leere in einem Zwilling nur eine Variante der Stummheit des anderen war. Dass die beiden Dinge zusammengehörten. Wie gestapelte Löffel. Wie vertraute Körper von Geliebten ... Rahel hat ihm nie geschrieben. Es gibt Dinge, die sind nicht machbar, wie Briefe schreiben an einen Teil von dir selbst. An deine Füße oder dein Herz." Als sie sich im jungen Erwachsenenalter wiedersehen, vollzieht sich der Inzest. „Sie waren Fremde, die sich durch Zufall getroffen hatten. Sie kannten einander bevor das Leben begann."
Der Bestsellerautor Bruce Courtenay beschreibt in „Tommo & Hawk" Zwillingsbrüder, die am selben Tag geboren wurden, und zwei verschiedene Väter haben, genetisch gesehen also eigentlich nur Halbbrüder sind. Auch äußerlich unterscheiden sie sich komplett, hängen aber ihr Leben lang wie Pech und Schwefel aneinander, trotz zum Teil widriger Umstände. „Für andere ist es sehr verwirrend, aber nicht für Tommo und mich. Wir sind Zwillinge im Herzen und im Kopf. Ob Moslem oder Jude, Zwilling sein ist eine eigene Religion."

KARIN UND UTA

geboren 1937 in Bremen

„WIR WERDEN UNS WOHL IMMER NAHESTEHEN, AUCH WENN WIR TAUSENDE MEILEN VONEINANDER GETRENNT SIND“

Uta und Karin sind entfernte Cousinen meiner Mutter. Als Kind habe ich mit meiner Oma die Mutter der beiden besucht und hörte staunend, dass die Zwillinge, die ganz unterschiedlich aussähen, tausende Kilometer voneinander entfernt lebten. Die kleine dunkelhaarige Karin wohnte in der Nachbarschaft und die große blonde Uta war nach Amerika gegangen.
Als ich Karin über dreißig Jahre später traf, hatte sie vor, Uta wieder einmal in den USA zu besuchen, die dann aber erkrankte, so dass der Besuch verschoben wurde. Uta konnte wegen des Todes ihres Mannes und eigener körperlicher Beschwerden auch nicht nach Deutschland reisen, und ich schickte ihr einen Brief mit Fragen, den sie postwendend beantwortete. Erstaunt las ich, dass sie einige Dinge anders in Erinnerung hatte als Karin.
Nach unserem Treffen in Bremen hat Uta aus Washington sofort bei Karin angerufen, um zu erfahren, wie es gewesen war.

KARIN

Unsere älteste Schwester Helga war fünf, dann kam Dieter, und damit sollte eigentlich Schluss sein. Und als Mama kurz danach wieder schwanger war … also glücklich war sie nicht. Sie hat alles Mögliche versucht, was man damals so machte. Vom Tisch zu springen und solche Dinge, das funktionierte natürlich nicht. Im Juni kam Mama in die Klinik und die Hebamme sagte, „Frau W., da ist noch jemand, der raus will.“ Und da hat Mama gesagt, „ja, denn man raus damit.“ Dann waren plötzlich zwei da, unser Bruder war ja noch nicht ein Jahr alt. Das war 1937. Unser Papa ist, glaub’ ich, fast in Ohnmacht gefallen, als sein Bruder ihm das erzählte. Meine Großeltern wohnten oben im Haus, wir wohnten in der Mitte, und unten war ein Delikatessladen. Opa und Oma haben Mama natürlich tüchtig unterstützt mit Windelnwaschen und so. Es gab ja keine

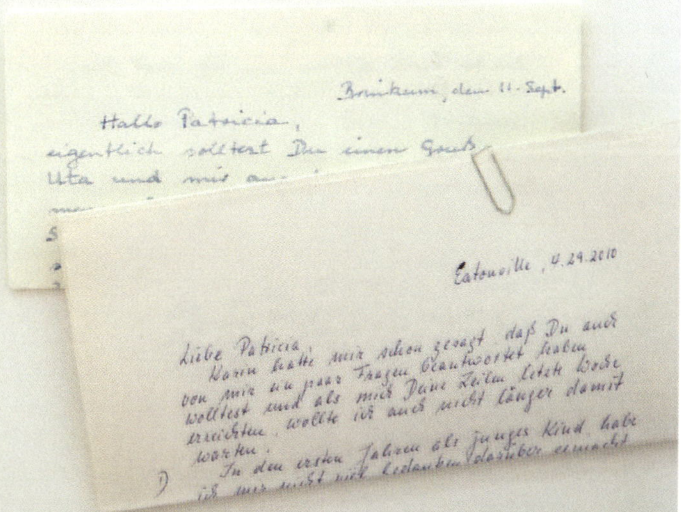

Brinkum, den 11. Sept.

Hallo Patricia,
eigentlich solltest Du einen Gruß
Uta und mir

Eatonville, 4.29.2010

Liebe Patricia,
Karin hatte mir schon gesagt daß Du auch von mir ein paar Fragen beantwortet haben wolltest und als mich Deine Zeilen letzte Woche erreichten, wollte ich auch nicht länger damit warten.
In den ersten Jahren als junges Kind habe
1)

Waschmaschine, nur eine Waschküche. Im Winter 1943 sind wir in das Geschäftshaus am Friedhof eingezogen. Papa war Steinbildhauer, und meine Mutter war immer schon mit eingebunden im Geschäft ihrer Eltern am Friedhof.

Die Kriegsjahre waren natürlich ziemlich heftig. Wir sind nicht evakuiert worden. „Ja“ sagte Mama, „zwei Kinder wollte ich, davon ein Mädchen, Helga und Dieter, das war gut so.“ Na ja, aber sie hat uns genauso liebgehabt. Es ist doch anders gewesen während des Krieges, und nach dem Krieg der Wiederaufbau. Die Eltern hatten ja nicht soviel Zeit für die Kinder. Es waren dann die Großeltern da, und man hatte viele Freundinnen und Freunde. In der Kriegszeit mussten wir immer nachts aus dem Bett, und wenn Mama uns angezogen hatte, dann hatte das nächste Kind sich schon wieder ausgezogen und wollte ins Bett, nicht in den Bunker. Immer kamen Nachbarn und haben uns dann mitgenommen. Mein Vater war eingezogen wie alle Männer.

Ich bin mit Uta eingeschult worden, dann musste ich aber die Schule verlassen, weil ich lange hohes Fieber hatte, immer über 40, und die Ärzte konnten gar nicht feststellen warum. Ich lag mehr im Bett, als dass ich spielen konnte. Ich musste dann die Klasse wiederholen, weil ich ja nur ein halbes Jahr in der Schule gewesen war, und ging dann in eine andere Schule als Uta. Ich fuhr mit der Straßenbahn dahin oder ging zu Fuß. Es war ein weiter Weg, und wenn Alarm war, während man zur Schule ging, musste man schnell die Straßenbahn verlassen und einen Bunker aufsuchen. Man war ja alleine.

Dass Uta in der Schule war, dass man getrennt war, das ist einem gar nicht so zu Bewusstsein gekommen. Wir sind zweieiig. Und wir waren ja vier Kinder, es hat sich immer abgewechselt. Einmal war man mehr mit dem Bruder zusammen, einmal mit der großen Schwester und dann wieder umgekehrt. Uta und ich haben natürlich ganz früh zusammen gespielt, mit den Puppen bei Tante W. auf dem Friedhof. Die hatte keine Kinder und Zeit für uns, und sie hatte eine schöne Laube, wir waren Frau Meier und Frau Schulze. Und wenn man für Onkel W. die Stiefel putzte, bekam man einen Groschen, aber man konnte ja nicht viel kaufen dafür, das kam dann in den Spartopf.

Direkt gehungert haben wir Kinder eigentlich nicht. Es gab immer irgendetwas zu essen und man ist ja nicht verwöhnt gewesen. Es wurde gerecht geteilt. Wenn Vati einen Grabstein gemacht hat für einen Bauern, dann ist man zwei oder dreimal in der Woche dahin gegangen und hat dafür Milch bekommen. Oder ich weiß, dass Papa dann aufs Land fuhr und gehamstert hat. Einmal kam er vor Weihnachten mit einem Gänseei, das war eine Sensation, in einem vollen Zug hat er das Ei heil nach Hause gebracht. Unsere Eltern sind sehr gerecht gewesen, da wurde kein Kind vorgezogen.

Zu mir sagte Tante Betty: „Du bist ein kleiner Teufel.“

Ich bin auch diejenige gewesen, die mehr Unsinn gemacht hat. Dadurch, dass Uta in eine andere Schule und in eine andere Klasse ging, hatte sie ja ganz andere Freunde. In der Straße wurde ich mitgenommen zum Spielen. Man kam aus der Schule, dann musste man Schularbeiten machen und dann musste man einen Kranz zum Beerdigungsinstitut bringen oder Zeichnungen vom Friedhofsamt abholen. Man fuhr dann mit der Straßenbahn. Da wurde gar nicht lange gefackelt, man durfte ja keine Widerreden haben. Das hat man gemacht. Die Erziehung wurde der Mutter überlassen und der Vater sprach mal ein Donnerwetter. Am Tisch brauchte nur einer zu lachen und dann fingen wir alle an. Damals waren die Tischsitten noch streng. Die Hundepeitsche lag auf der Heizung, wenn es zu bunt wurde, wir hatten ja immer Hunde. Wir sind damit nicht verprügelt worden, aber es war schon eine Drohung.

Am ersten Weihnachtstag gingen wir immer zu Tante Betty. Und einmal, weiß ich noch, saßen in der Stube Puppen. So große Puppen hatte ich noch nie gesehen. Ich hatte Peter, Utas Puppe hieß Manfred, das waren Babypuppen, und sie hatten Babyzeug an. Jeden Abend nahm ich eine Babyflasche für meinen Peter mit ins Bett und morgens war die Milch sauer. Wir waren ja ausgebombt, ich hatte meinen Peter gerettet, weil ich ihn mit zum Bunker geschleppt hatte. Utas Manfred ist mit ausgebombt. Viel ist kaputtgegangen. Es war an einem Karfreitag, wir kamen aus dem Bunker. Und in unser Haus war ein Volltreffer reingegangen. Erstmal war man fassungslos. Meine Mutter hat nicht geweint. Man hat ja jeden Tag soviel Elend gesehen. Und als Kind nimmt man es nicht so wahr. Man ist im Krieg aufgewachsen, das gehörte mit zum Alltag.
Wenn Alarm war, dann ging man in den Keller. Diese Enge in den Bunkern, mit vier Mann oben auf dem Etagenbett und diese schlechte Luft. Angst hat man eigentlich gar nicht so gehabt, weil Mama ja da war, und die Geschwister waren da. Und wenn man dann rauskam, sah man brennende Häuser. Ich wurde in der Zeit, wo ich nicht in die Schule gehen konnte, im Kinderwagen zum Bunker gefahren. Ich konnte nicht laufen, weil ich zu schwach war, und Mama konnte uns ja nicht tragen. Sie hatte einen kleinen Lederkoffer, da waren ihre Bestecke drin, damit wir nicht mit den Fingern essen mussten. Den Koffer musste ich immer tragen. Man hatte ja auch nichts zu trinken dabei. Durst oder Hunger hat man gar nicht so empfunden. Man hat versucht zu schlafen. Panik hatte ich eigentlich nie, auch später nicht. Wenn Mama mal abends nicht da war, hat man im Bett immer den Kopf auf die Hände gehauen. Das war eine Reaktion, um etwas zu verarbeiten. Wir sagten immer „junken" dazu. Uta hat viel mit dem Kopf geschüttelt und leise „Mama, Mama" vor sich hingesagt. Bis man dann eingeschlafen war. Mein Bruder hat lange das Bett eingenässt. Helga hat ganz lange am Daumen genuckelt, das hat Mama ihr abgewöhnt, indem sie ihr eine Papprolle über den Arm gezogen hat. Sie ist sehr streng erzogen worden, strenger als wir. Sie war trotzig und wurde bestraft, oder in den Gaskeller eingesperrt. Helga war eben die Große.

Ich habe viel mit Dieter gespielt, wir haben uns auch gut verstanden. Er baute im Garten ein Häuschen. „Villa Qualm", sagten wir immer. Dort wurden dann von den Jungs die ersten Zigaretten geraucht und Karten gespielt, und wenn er gnädig war, durfte ich da mit reinkriechen in diese Bude. Wir Geschwister haben uns eigentlich gut verstanden. Auch heute noch. Als Kinder gab es Streit, aber das hat nie lange gedauert. Uta ist auch viel ihre eigenen

Wege gegangen. Ich hatte meine Freundin, mit der ich ins Kino gegangen bin. Sonntagnachmittag gingen wir in die Lichtspiele, da wurden viele Wildwestfilme gezeigt. Mit fünfzehn Jahren habe ich einmal zu meiner Mama gesagt: „Der Apfel fällt nicht weit vom Stamm." Da war aber was los. „Du kannst gleich aus dem Haus gehen und dir eine Arbeit suchen." Ich bin dann am nächsten Tag zum Arbeitsamt gegangen. „Ja, was wollen Sie denn?" Ich wollte gerne Köchin werden. Die Frau hat mich angesehen, so eine kleine Person, wie ich bin, und sagte: „In der Bahnhofstrasse, Foto Günther, die suchen eine Fotolaborantin." Ich bin dann dahin marschiert, die Stelle war aber schon weg. Nach drei Tagen war zu Hause auch wieder alles gut.
Uta hat sich mit ihrem Lehrer angelegt. Er konnte sie nicht ausstehen, weil sie immer Widerworte hatte, und sie konnte ihn nicht ausstehen. Sie war auch froh, als die Schule zu Ende war, und hat Blumenbinderin gelernt.

Ich denke, Uta setzt sich besser durch. Ich habe heute noch Schwierigkeiten etwas zu sagen. Später als Hausmädchen in Hamburg bekam ich schlechte Laune, wenn ich länger nicht mehr zu Hause war. Ich hatte keine geregelte Freizeit und ich konnte das nicht einfordern. In der Schweiz hatte ich einmal die Woche von 14-18 Uhr Freizeit und alle vierzehn Tage sonntags von 14-18 Uhr. Das war auch nicht viel.

Einmal war ich ein Wochenende von Hamburg zu Hause, und Uta wurde von einem jungen Mann abgeholt. Er kam mit einem Volkswagen Cabriolet vorgefahren und sah blendend aus.

Uta war in einem Blumengeschäft hier in Bremen, und da kam immer eine Frau mit ihrem kleinen Sohn und kaufte Blumen. Ich mochte die Frau überhaupt nicht und habe Uta auch nicht verstanden, dass sie sich mit ihr angefreundet hatte. Und Elfriede, so hieß sie, hat eines Tages gesagt: „Uta, meine Nichte aus Amerika ist da und mein Neffe kommt ganz plötzlich auch, seine Firma streikt. Du musst heute Abend kommen, wenn Ronnie da ist." So haben die sich kennen gelernt. Gleich am ersten Abend wollte er noch ausgehen ins Astoria. Das war ein Varieté und von der Flasche Sekt, die damals 80 DM kostete, spricht er heute noch. Dafür hat man damals einen Monat gearbeitet. Ich hatte Ronnie nur ganz kurz gesehen, ich musste ja wieder nach Hamburg. An einem Vormittag ging das Telefon und Frau H. sagte: „Ihre Schwester ist am Telefon." „Mäuschen, ich heirate." – „Wie bitte?" – „Ja, Ronnie will mich heiraten, ich gehe nach Amerika." Da hab ich erstmal geheult. „Ja, Mäuschen, du kannst uns jederzeit besuchen." Das war mir ein kleiner Trost. Da waren wir vierundzwanzig.

Ich war immer Mäuschen, weil, als wir im Harz waren, gab es Butterkuchen, dem konnte ich nicht widerstehen. Die Wirtin sagte, „da war eine Maus am Kuchen", und seitdem hieß ich „Mäuschen". Wenn wir Uta ärgern wollten, sagte ich Tante Adele zu ihr. Denn sie hatte den gleichen Mund wie die Tante. Das mochte sie gar nicht. Heute sage ich Jule zu ihr, weil sie auch in die Schweiz kam, als ich da war. In dem Blumengeschäft in Köln, wo sie vorher war, war der Chef immer hinter ihr her, und den mochte sie absolut nicht. Das schrieb sie mir. Die Schwester von meiner

Madame suchte jemand, und dann ist meine Schwester nach Bern in die Familie gegangen. Wenn meine und ihre Madame nicht da waren, telefonierten wir miteinander. Ich sagte, dann Jule zu ihr, damit niemand wusste, dass ich mit Uta spreche. Mittwochs haben wir uns in Bern getroffen, Schaufenster ansehen, oder wir sind ins Café gegangen.
Ronnie und Uta besuchten mich vor ihrer Abreise in Hamburg. Wir sind in Blankenese spazieren gegangen. Sie kamen mit einem Speckaal an, den musste Ronnie gleich an der Elbe verzehren. Ronnie hatte Papa gesagt, er wollte gern mit Uta verreisen, nach Heidelberg und in den Schwarzwald. Und dann hat mein Papa gefragt, welche Absichten er denn hätte. Ja, er wollte Uta gerne heiraten. Das musste dann ja schnell gehen mit dem Aufgebot. Innerhalb von drei Wochen haben sie geheiratet. Ronnie musste zurück, der Streik war beendet.

Meinen Mann habe ich ja schon als Kind kennen gelernt, in den Kriegsjahren. Clara, eine Freundin meiner Eltern, war nicht ausgebombt und wir haben bei ihr Unterschlupf gefunden. Damals waren alle Häuser überbelegt, jeder hatte Zwangs-Einquartierungen. Bei Clara wohnte unten eine Familie. Wir schliefen auf dem Boden im Mansardenzimmer. Dieter schlief vor der Tür. Helga schlief auf einer Seite und Uta und ich auf der anderen, eine Kopf oben und eine Kopf unten. So dass eine immer die Füße der anderen im Gesicht hatte.
Und eines Tages zogen da unten Mutter, Tochter und Sohn ein. Der Junge war im selben Alter wie ich, er hieß Herbert. Wir spielten auf dem Dachboden, der Dachbalken war zerstört, und er hat Spielsachen, die er seiner Schwester geklaut hatte, durch ein Loch durchgegeben. Wir hörten uns nur, sahen uns nicht, und er gab mir so eine kleine Zelluloidpuppe für die Puppenstube. Als wir zum Friedhof zogen, war Herbert der Freund meines Bruders. Er hatte ein Fahrrad, das hatten wir ja nicht, und seine Mutter konnte mit seinem Vater, der Kapitän war, eine Weltreise auf einem Schiff machen. Herbert fuhr später auch bei dieser Reederei.
Als ich dann in Hamburg war, haben Herbert und ich uns geschrieben. Eine Zeit lang hörte ich gar nichts mehr von ihm, aber eines Tages ging das Telefon, das war Herbert, er wäre in Hamburg, ob er mich sehen könnte.

Unterschiede zwischen uns Zwillingen waren wohl da. Uta ist größer gewesen und kräftiger, hat immer gern gegessen, ich hab nicht so gern gegessen. Uta hatte schon gleich viele Haare am Anfang, ich hatte eine Glatze. Dieter saß zwischen uns im Wagen. Wir hatten damals einen Kinderwagen, in dem saß man sich gegenüber, und in der Mitte saß Dieter. Wenn eine die Flasche nicht leer getrunken hat, hat Dieter sie bekommen.

Uta ist vielleicht ein bisschen ruhiger gewesen. Sie war handwerklich sehr geschickt, sie hat für unsere Puppen Kleider genäht. Heute noch macht sie tolle Kilts und hat mir jetzt wieder einen warmen Pullover gestrickt, damit ich nicht friere, weil meine Wohnung nicht sehr warm ist. Sie hat meine Maße und das Zeug, das sie mir schickt, passt. Uta sagt ihre Meinung klipp und klar. Sie hat einen sehr schwierigen Mann, der immer Recht hat. Über fünfundvierzig Jahre sind sie verheiratet.

Es knallt da heute noch. Er ist sehr krank. Sie sagt: „Ronnie, ich brauche dich nicht, aber du brauchst mich." Wir telefonieren jeden Sonntag, Uta und ich. Und dieses Jahr werde ich sie wieder besuchen.

UTA

Eatonville, 29.4.2010

Als junges Kind habe ich mir nicht viele Gedanken darüber gemacht, was es heißt, Zwilling zu sein. Wir trugen die gleichen Kleider, wenn das überhaupt möglich war in den Kriegsjahren. Als Mädchen hatten wir natürlich auch die gleichen Interessen. Als wir zur Schule kamen, wurden wir getrennt, da Karin einen Sprachfehler hatte und wir dadurch in verschiedene Schulen kamen. Es blieb natürlich nicht aus, dass jeder seine eigenen Freunde hatte.

Nach der Schule fing meine Lehrzeit als Blumenbinderin an, Karin war eine Weile zu Hause, da es zu dieser Zeit keine Lehrstellen gab. Sie entschloss sich später in die Schweiz zu gehen, wodurch sich unsere erste Trennung ergab. Ich fand es sehr tapfer von ihr, sich dort für zwei Jahre zu verpflichten. Meine Lehre war nach drei Jahren beendet, und ich ging für kurze Zeit nach Köln, um dort in einem anderen Blumengeschäft zu arbeiten. Karin überredete mich dann, auch in die Schweiz zu kommen, und so waren wir also wieder zusammen.

Das zeigt auch, dass da doch eine engere Verbundenheit bestand, wie es eben nur bei Zwillingen vorkommt.

Karin meint, ich wäre ein Jahr in Bern geblieben, was mir sehr lange vorkommt. Jedenfalls war es eine schöne Zeit und das Heimweh war gemeinsam leichter zu ertragen.

Karin arbeitete danach in Hamburg und ich in unserem Blumengeschäft am Friedhof. Im Juli 1960 lernte ich dann Ronnie kennen. Und damit wurde uns zum ersten Mal bewusst, dass nun eine große Trennung anstehen würde, die Karin am schlimmsten empfand. Für mich war es eine aufregende Zeit, was alles neu auf mich zukam.

Stephan, unser erster Sohn, wurde im September 1961 geboren, und ein Jahr später flogen wir zurück nach Deutschland, wo wir dann auch Karin in Hamburg besuchten. Im Jahr darauf kam Karin zu uns nach New Jersey und verbrachte einen Monat in Amerika. Inzwischen vergingen drei Jahre, bis wir wieder auf Besuch nach Bremen kamen, mit unserem unserem jüngsten Sohn Andrew. Karin war dann auch verheiratet.

In all den Jahren waren wir immer miteinander verbunden, ob schriftlich oder mit Besuchen. Es tat mir nur Leid, dass ich nicht persönlich für Karin da sein konnte, als Helga starb und später Mutti. Eine Mutter hätte sich keine bessere Tochter wünschen können als Karin. Ich kenne keinen anderen Menschen, der soviel Gutes tut und immer für alle da ist.

In fast 73 Jahren hat sich in meiner Zwillingsbeziehung zu Karin kaum etwas geändert. Im Juli kommt sie für einen Monat nach Washington, worauf wir uns schon alle freuen, denn inzwischen haben auch meine Enkelkinder sie sehr lieb gewonnen.Auf dem Rückflug begleite ich Karin und verbringe zwei Wochen in Bremen. Karin und ich werden uns wohl immer nahe stehen, auch wenn wir tausende Meilen voneinander getrennt sind.

DANK

... an alle, die bei der Entstehung des Buches unterstützend mitgewirkt haben.
Das sind im Besonderen die Zwillinge, die bereit waren, ihre Geschichten zu teilen.
Auf Wunsch sind einige Namen von Beteiligten geändert worden.
Dank an die Journalistinnen Jeannette Otto und Irmhild Speck und an die Fotografin Ute Karen Seggelke für ihre Ratschläge und Hinweise.
Dank an meine Verlagspartner Gabi Schnauder und Per Schumann, die dieses Buch mit herausgeben, an Inga Franke und Silke Schulze-Gattermann für ihr einfühlsames Lektorat, an Gabi Schnauder für ihre Gestaltungsidee, die die vielschichtige Arbeit der letzten sieben Jahre sichtbar macht.
Und an alle, die mir sonst noch erzählt und zugehört haben.

QUELLEN

- Barbara Frey *„Zwillinge und Zwillingsmythen in der Literatur"*, Iko-Verlag Berlin, 2006
- Christa Ritter und Rainer Langhans *„SchneeweissRosenrot"*, Studiocanal Deutschland, 1992
- Mylene Huben-Gayte *„Les jumeaux- Du pareil au meme"*, Editions Gallimard Frankreich, 1998
- Robert Musil *„Der Mann ohne Eigenschaften"*, rororo Hamburg, 1994
- Arundhati Roy *„Der Gott der kleinen Dinge"*, btb-Verlag München, 1999
- Maike Watzlawick *„Sind Zwillinge wirklich anders?"*, Tectum Verlag, Marburg, 2008